科幻時代人生必讀新三字經

韓振方 著

中華民國書法會
副會長
陳衡曾 題

致先儒王公伯厚府君

先儒王公伯厚府君道鑒：

您老人家當年手著之「三字經」。經聯合國教科文組織定為人類基本啟蒙讀物。全民唸誦。聖之經。嘉惠後賢垂範千古碑口永傳。可謂啟者有時代三字經兩韓振方先生。在台著有時代三字經兩種。精印成冊。囑攜來甬請公鑒證茲將原書呈奉敬吾公不吝金玉子以教正。是所至禱後學子弟。王開鍾恭書敬上。

丙戌九五06/12/1於海定波寧。

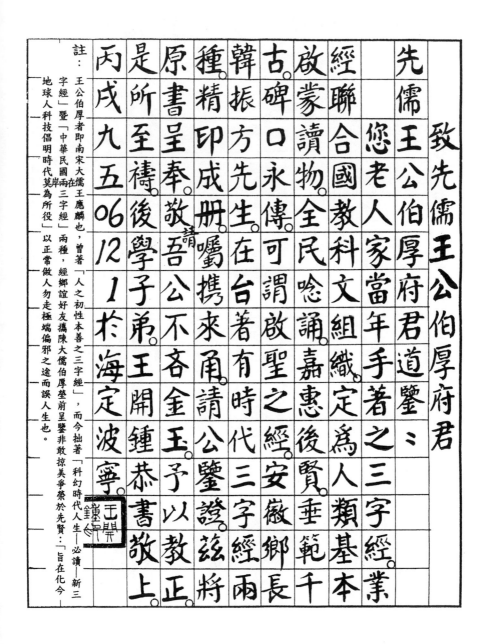

註：王公伯厚者即南宋大儒王應麟也，曾著「人之初性本善之三字經」，而今拙著「科幻時代人生—必讀—新三字經」暨「中華民國兩三字經」兩種，經鄉誼好友攜陳大儒伯厚墊前呈鑒非敢掠美爭榮於先賢：「旨在化今地球人科技倡明時代莫岸為所役」以正常做人勿走極端偏邪之途而誤人生也。

一建國先建人！建人先建己！

花經風雨人方惜

士在江湖道更尊

恭錄放翁警語＝時潮痛感

一人好惡當止
萬民憂樂為先

丙戌十二月十二日 文明軒

文明軒主

王代鑄印

願天下等福

4

科幻時代人生必讀 新三字經

目錄

人道立世圖

新三字經序　　　　陳冠甫

憶昔幼讀東坡居士（公元一○三六～一一○一）〈東坡志林記先夫人不殘鳥雀〉之文，每為大文豪坡母程太夫人悲天憫人、愛及鳥雀之仁慈懿行而感動不已。及長，進而拜覽《宋史》本傳，載東坡：「生十年，父洵（一○○九～一○六六）游學四方。母程氏親授以書，聞古今成敗，輒能語其要。程氏讀東漢〈范滂傳〉，慨然太息，軾請曰：『軾若為滂，母許之否乎？』程氏曰：『汝能為滂，吾顧不能為滂母邪！』……」竊常思之，意坡母之所以為范滂（一三七～一六九）太息，當係東漢靈帝建甯二年（一六九）朝廷大誅清流黨人，督郵至汝南征羌縣，抱急捕之詔書，閉驛舍，伏

床而泣。滂不願以罪連累縣令等，又迫老母流離，即自詣獄。方囚車押解上京時，滂顧謂其子曰：「吾欲使汝為惡，則惡不可為；使汝為善，則我不為惡！」由於身處政治黑暗、是非不分、善惡顛倒、正邪錯亂之際，致使范滂無法向其子明示一條今後應走之途徑？圍觀之路人，莫不流涕。就義時，年僅三十三。此豈孔聖人所曾感嘆之：「道之將廢也？命也」乎！愚以為坡母之太息，必基於此故也。

不幸今日正面臨政黨惡鬥、教令悖謬、黑白混淆、天翻地覆之時代，較范滂當日有過之而無不及。出身黃埔軍校之皖北潁上韓振方（字牧華）先生，為挽狂瀾於既倒，遂將多年心血所凝聚成之《科幻時代人生必讀──新三字經》交付剞劂，其書分：家庭學校樹人篇、社會道德理則篇、國家文史觀念篇、地球

人類宇宙篇，共計四卷，都為二萬五千餘言。內容遠較章太炎修訂本——便於朗讀背誦有韻之《三字經》，更為博雅，自難句句押韻。以其係針對時代文化之流轉，世態人心道德仁義之提振，及發揚中華民族文化固有倫理思想之承續而立論，用能直指人心、啟迪思想，庶幾於淨化社會，倡導善良風俗上，貢獻其寶貴之智慧與心力，其對世道人心之拯挽，實有匡正效力：「切望為人父母者，該當率先一讀也」。

宋儒呂祖謙《東萊博議》曰：「觀政在朝，觀俗在野；政之所及者淺，俗之所得者深。此昔之善觀人之國者，未嘗不先其野而後其朝也。」茲言蓋乃為《左傳》所載齊大夫仲孫湫省魯難一節而發。緣齊桓公欲乘魯國慶父內亂而襲取之，然仲孫湫對曰：「不可！猶秉周禮；周禮，所以本也。臣聞之：『國將亡，本

必先顛，而後枝葉從之。』魯不棄周禮，未可動也。」

良以魯在周公、伯禽開國之初，已善培風俗於前，其

成效果顯於數百年後。故雖經哀姜、慶父之難，雖易

其主終不得易其禮；雖竊其柄終不得壞其俗也。反

觀──中華民國──今之臺灣，若舉國之俗悉秉古禮──社

會善德風尚──其為惡者獨少數二三無恥政客耳！而

一國之美俗，不容二三無恥政客及──歹徒──黑道份子

之惡所能遽移。此即吾對韓本《新三字經》所寄──人

讀知行，禮儀之邦，重現中華，天下太平，地球大同──

之厚望也，並深盼舉世有道仁者共同──倡發人德，守

正去邪──兩岸炎黃奮勉焉！

歲次民紀第二甲申年孟冬之月蘭陽陳冠甫謹識於心月樓

10

文學博士陳冠甫

教授詩詞尊翹楚

感謝賜序道喪挽

做人兒女皆應讀

新三字經著者　韓振方致敬於蓬萊

一、中華文化若方舟

仁義懷抱四海遊

道德人守立天地

民國千秋崇儒興

二、人生天地萬物靈

靈高守道利福人

人我相協恥偷盜

盜邪刑懲天不容

12

前　言

韓振方

三字經之著者，世傳爲南宋大儒王應麟所作，（或云：區適存者待考）旨在教化啓蒙幼童之心智，誘導知禮明義。民初國學大師章太炎重訂補篇之三字經，較前增入者三分之一，更定者亦百之三四，不啻爲該書添加實質內容。初讀學子，祇能玩其詞，美其文，誦其句，識其字，但難明其究竟對天人性命之微，地理山川之奇，在歷代帝王興衰。統緒，諸子百家之著述原由，以及古聖昔賢，由困而達，由卑而顯，自賤而貴，縷析分明，期使讀者，知所惕勵。然文義艱深，非初學幼童，所可了悟與體認。有鑑於此，今拙著｜科幻時代人生必讀新三字經｜有別於前者：以正道，化人心，轉世運，進天道：特針對時代文化之流轉，世態人心道德仁義之提振，以及發揚中華民族文化古有倫理思想之承續，以淺顯易懂之語句，暢言爲人涉世之做

13

人理念。辭藻非華，話雖平淡淺明，然而句句皆是古今賢哲聖言，天人之理—無不蘊涵文化傳承，但是本警人於非與勸勉修身養性之不茫然，直透激勵淨化人心，啓迪宏觀思想，著眼於宇宙浩空大千世界人，胸襟廣明脫苦得樂，美化人生—弘揚中華文化之仁義道德傳統—該爲優先。爰依後天人性概分家庭學校樹人篇、社會道德理則篇、國家文史概念：篇與地球人類宇宙篇之四大段落—概述人之一生應守之立身處世言行，做人規範—持道行德，懷仁抱義，修己正人，慎獨合天。處在科技資訊靈通時代之尖端，易迷失本來人生有大好前程之青少年俾供有所掌控認知，以勉誤踏偏途，而能導正人心，向道爲善，進德成業，恢復我華夏泱泱大國禮義之風範，未審博學宏儒諸公，以爲然乎？著者不學知淺識陋，故虔誠祈予斧正，以期共建吾國固有倫理道德、博愛、睦鄰、仁和優美之王道文化傳佈於世界人類—新時代，人生觀，守人性，早日完

成國父孫中山先生之思想理念—世界大同—因所厚望焉。茲謹綴以五言勉句三首，藉以勵戒身為炎黃後裔者，應有認知修養之箴規，豈可自我卑微，膨脹有悖於中庸之道乎！

一、人身得不易，
勤力學業成；
胸懷恕德觀，
忍讓莫怨尤；
仁義抱道行，
四海任遨遊。

二、生為中華人，
感德恩浩天；
萬里江山地，
承載宇宙道；
人天地道守，
患何不聖賢。

三、天道應運降，
蓬萊人福佛；
島民國家愛，
親友睦四鄰；
心德本孔儒，
世界早大同。

這本書之名稱，有人建議不用〝必讀〞改以〝方向〞或〝道德〞三者皆免。而儒學長者仍以為還是前者為宜，只要人人—專情用意—看上一遍，在心性時空淨化理念方面，不但有所體認，且真正了悟身生中國人之做人處世之正確修持指針，因中華文化之優美：人性合天、緣由天授、承天應命、處天之中—施行王道，以德服人。昔四週之邊民尊華

夏為中國—為天朝—蓋因始祖黃帝—得天之助—敗榆罔，誅蚩尤所肇建之國也—道魔之鬥—因非出於人意，故又稱神州—秉道承傳—樹立萬世之規範，文明古國，垂世千秋—孔子為司寇魯國大治，漢武帝霸百家獨崇儒—稱富雄。生為炎黃子孫，龍之傳人—難不惜愛生為中國人之驕矜榮幸而行悖於忠孝仁義道德乎？否則，何以做人？何以立業？何以面對列祖列宗？更何以睦邦？完成人類大同，豈不有負於中國人乎？萬莫鄙視個人所負天賦傳承之使命呀！因時運至今緣由電腦訊炫，物慾橫流，誠如西方學者諾貝爾獎得主一九八八年在巴黎會結言：唯有尊崇東方孔儒思想之道德仁義中庸文化，始可挽回人性氾濫，完成國父理想—人類和平。

科幻時代人生必讀新三字經—如另紙

東海韓振方撰於蓬萊仙島山人

中華民國捌拾捌年十一月十二日國父誕辰日

16

科幻時代人生必讀 新三字經

一、家庭學校樹人篇　韓振方

人之得　得不易
易本道　道義生
生中華　華文化
化世人　人仁德。
人之生　稟陰陽
陰陽何？大道名
化天地　運五行
育萬物　人性異：
人之性　性合道
道先天　先天道
道天人　人合天

天地德　德人報？
人之身　身既有
有護強　強百春
春秋安　安善用？
人之志　志苦學
學成家　家業豐
豐饋世　世人敬？
人之心　心公美
美做人　人合群
群體和　和愛友
友不戈　戈非道

道統傳，傳世人：
人之樂，樂秉德，
德化世，世界人，
人博愛，愛乾坤：
乾坤炁，陰陽媾，
孕異性，性合孕，
一化生，生空一，
三生二，二生三，
人生物，靈性高，
十月滿，啼塵寰，
由先地，轉後天，
呱呱地，哇哇鳴：
人之初，無善惡，
因性近，習相別。

為境遷，漸分明，
問德修？命壽祿：
白雲飛，任去來，
性不染，彩虹吟：
生老朽，一化零，
回歸土，有復空。
襁褓子，嬰兒笑。
學翻滾，舉步走，
喃喃語，喊爸媽，
認識人，辯物別：
世只有，媽媽好，
搖藍曲，媽媽哼，
望兒長，不為非，
知恩養，親歡心：
托兒所，幼稚園：

滿七齡，上學堂：
東方白，旭日麗，
操場上，升國旗，
唱國歌，聽師訓：
御長風，衝浩空，
踏山河，破巨浪，
志大事，非高官：
爲眾生，策福益，
人眾夢，編織美：
謀人類，技藝學，
身定向，決將來，
情與性，俱可塑：
教不正，行乃偏，
誨之道，明做人；
人做人，人像人：

人頂天，天地人：
人正大，大知邪，
邪害人，人罪師，
師教生，生讀好：
好用功，功課美，
美用生，生身強，
強不凌，凌歹人：
人做正，正立世，
世上人，人愛人：
人爲我，我助人，
人學好，好心人，
人莫壞，壞非人：
人辨明，明不迷，
迷難人，人做好；
好人做，做善人。

人佞惡，惡受懲。
養不教，父母過；
教不明，師有責。
課堂上，啟發智；
楷模範，言行則。
一語發，定將來；
晉李密，陳情表。
官不做，奉祖母；
歐陽修，宋代人。
文名世，孝聞傳；
岳武穆，忠報國。
文天祥，正氣張；
歸有光，明朝生。
喜誦讀，鄉里崇；
昔顏回，處陋巷：

人恥非，不改樂；
師授業，課解明。
教無方，身有愧：
學專注，莫分心；
尊師長，身表率。
師傳道，不悖禮；
教生行，莫壞德。
講國語，大家懂；
方言話，公少說。
中國字，通天神；
方塊型，正行草。
藝術美，養心性：
非蚯蚓，可比擬：
初學時，唸拚音；
待熟日，不看明。

不守校規，人人犯錯。
人人勤學，學做人。
學做人，悟明理。
人心悟明，悟明理。
理不搞通，通情理。
法無不犯，犯法悔晚。
教傳道，道授業。
責業解惑，業責晚。
愧生難師：
師尊崇，崇生範。
範為德，德行高。
高眾仰，仰品格。
格聖賢，賢拯世。
世立功，功德言。
言不朽。

親子情，情溝通：
情溝通，往友明。
通交往，往友明。
六七齡，啟蒙學。
啟蒙學，童稚玩。
八九十，懵懵懂。
懵懵懂，心智萌。
十一二，叛逆期。
十三四，喜怒械武分。
十五六，善惡分。
善惡分，育善訓。
十七八，施教晚。
施教晚，為父母。
為父母，以理性。
非打罵，牢進哭。
理不通，法教明。
哭昧法，明不犯。
明不犯，犯遠歡。
在學生，生志學。

學問得，得不輳，
輳學生，生習歹，
歹路行，行不通，
通社會，會有損，
損友交，交必壞，
壞入獄，獄悔晚，
晚年悲，悲不學，
學晝課，課難明，
明白課，課不蹺，
蹺家子，子多往，
往鐵窗，窗入悲，
悲立悔，悔反學：
學狠心，心專求，
求通達，達明悟，
悟人生，生當知

知不蹺，蹺非人：
人生路，路走正，
正道行，行光明，
明無愧，愧難人：
古惑仔，夥縱友，
弒雙親，情何堪！
林口案，正人心，
亂世代，傅斯年，
民三八，提敦〝品〞，
長台大，本愛〝國〞，
勉勵〝學〞，作校訓，
知做〝人〞，無可議，
放四海，世人敬，
千秋後，易謀生，
學技藝，易謀生。

白吃飯，世無有。
拜師求，校傳授。
出山前，要研精。
家富貴，教子弟，
莫炫誇，為家長，
早知戒，否紈跨：
有成就，多清寒，
宅門榮，爭前茅，
獨立性，自茲有，
捨溺愛，人不靠。
成年責，慎重告。
行為禮，刑自負，
提前言，父母該，
現代人，有文明。
精頭腦，野蠻身。

不屈服，強意志。
今資訊，通暢傳，
青少年，成熟早，
時代變，社會異：
初高中，刑法教，
校管訓，劓說明，
爾願意，人允諾，
始可為，否殃身，
無意錯，說一聲。
對不起，兩歡喜：
立做人，美風範：
明進退，知禮儀，
相應對，本誠懇。
大專生，科系讀，
工具書，究底探。

碩博士，中外明。
學術研，領一方。
著作有，言益世。
莘莘子，不黷世，
不毒械，不尋殺：
果悲苦，終身恨：
家人愛，師友重：
身價值，世難估：
留此軀，喪他日：
毀了命，勿分神：
專心讀，始學成。
自勤修，只導引，
課堂授，青少年，
新世代，習古書。
易迷惘

淨化心，否狂悖：
毀親友，時悲晚：
年方少，性衝動：
忍爲剛，年逞強：
血氣上，戒鬥狠。
人頭上，一片天。
美景途，光明照：
情網結，收放心。
爲家長，告誠明：
挫折感，風浪襲：
莫執戀，芳草多。
少縱慾，老易衰。
年青壯，知養保：
不失足，難留恨：
身在學，遠戀情：

業未建，經濟無：
談婚配，自尋苦：
昔賢母，善教子：
孟斷機，岳刺字。
勤學子，敬前賢：
貧寒螢，益奮雪。
幼孔融，讓梨前。
兄弟誼，世崇仰。
憐愛心，自幼培。
慈悲性，啓發有。
大考玩，小考玩。
非考時，莫要玩：
老師講，專心聽：
課作業，弄明白：
自不懂，問清楚。

不恥問，好學生：
時有暇，讀名著。
寫日記，不可輟。
口語言，不講順。
生兒女，要管教。
人不學，不知義。
玉不琢，不成器。
課不溫，不上進。
理不明，不通情。
事不做，不体驗。
藝不習，不專精。
字不練，不美觀。
物不研，不探微。
行不可，不法爲。
身不鍊，不強壯。

幼不勞，不知儉。
業不立，不成家。
苦不吃，不惜物。
錢不賺，不知難。
田不耕，不明辛。
話不醜，不損人。
幼讀經，知國學。
明古籍，奠根基。
吟唐詩，唸宋詞。
古文觀，菜根譚。
誦四書，啓蒙智。
初不懂，莫計較。
心性開，恍然悟：
明做人，不可忽。
立宏業，廢難功。

崇孔子，讀論語。
東韓日，中小學。
無不誦，愧國人。
在學期，性純淨。
受外界，誘勾引。
難分辨，情利害。
人善惡，昧是非。
刑法律，易觸犯。
不歧途，剴訓明！
爲親友，任師長。
用愛心，坦告誠。
世上無，頑劣童。
皆可聖，樹做人：
人做正，正常人。
人不歪，歪牢悔。

爲家長，理通達。
信老師，嚴教管。
莫護短，生敬畏。
兩配合，可成材。
爲學序，以博學，
以審問，以愼思，
以明辨，以篤行。
如此研，則究通。
教師節，謝誨禮。
報師恩，昔日訓：
父母節，不忘親，
爲父母，望龍鳳：
人子心，得爭氣，
網路族，上網玩。
心宜明，要弄清。

那只是，虛擬幻：
莫當眞，僅爲趣。
有所謂，宇宙性，
太空性，星球性，
戰爭性，軍情性，
文史性，商業性，
廣告性，道魔性，
春色性，物炫性，
五花門，現眼前。
莫沈溺，網路癡：
遊幻境，開智慧，
下網路，人是人：
人上網，是一種，
麻醉劑，易失性，
莫藉網，搞犯罪：

將個人，分內事：
去做好，否物役：
在家中，明責任。
習課業，超人前。
知做人，守崗位。
當體認，玩電腦。
網交友，非夜情。
問後果？戒迷戀。
科技研，習文史。
學籍助，光碟版。
資訊化，網路上。
以歸納，演繹法。
探究竟，獨創解。
不悟明，易炫迷。
力求進，耀門庭。

雙語文，要專精。
中為本，西輔用。
取彼長，補此短。
華人身，不可忘。
校同學，驪歌唱。
窗友誼，金不換。
本愛心，薪火傳。
一日課，恩如山。
師生情，永結緣：
身兒女，今世幸：
無雙親，豈塵寰：
報父母，養育恩：
為家庭，孝兒女：
酬師長，教誨正：
做學校，好學生。

二、社會道德理則篇　　韓振方

大社會，聯命體，
體個獨，獨難生，
生德競，競本道，
道義人，人仁恕。

學級別，畢肄業，
入社會，新鮮人，
大染缸，自惕警，
立足穩，行謹慎：
學歷練，角色扮：
找工作，基層起，
体驗豐，易有成：
嫁錯郎，選錯行，
終身憾，宜判明。

再回頭，浪歲月。
報親恩，饋養情。
首薪得，表酬心。
肯吃得，苦中苦，
始可為，人上人。
不浮誇，虛心守。
入紅塵，是大學。
損益友，心搞清。
近芝蘭，氣味馨。
性惡臭，污日增。
益多結，損疏離。
好高遠，驚難實。
腳踏地，不落空。

大企業，小本營，
百行工，各千秋，
憑才幹，力拼前，
不爲業，何貴賤。
創事業，夥良伴，
共志成，獻智承，
盈餘損，參與力，
本初協，有始終，
中違願，好聚散。

無戾氣，相見歡，
成業儉，敗家奢，
何畏窮，怕無算，
衡收入，量支出，
不盈餘，難致富。
父母恩，兒女情，

心忘饋，豈爲人，
爲人子，念恩重，
奉孝養，報春暉，
尊長輩，得親歡。
手足誼，情義長，
友朋交，誠信往，
以恕德，處人群，
守正氣，鬼神敬，
心歪邪，妖魔纏。

立天地，本無愧，
公不私，人服眾，
昔武訓，目不識，
家貧寒，沿門乞，
立志願，興義學，
歿爲神，後世崇。

効武訓，王貫英：
撿破爛，書館建。
捐綱鑑，贈學校。
壽九十，歿榮哀。
王鳳儀，辦義校：
爲女性，啟智慧。
百年前，開先河。
爲今日，天封神。
功在世，令人法。
美風德，養攝躁。
智敏聰，性融偏。
節激昂，非懦弱。
人謙卑，忌姑息。
事忍耐，於人易。
求見知。

得眞識，於己難：
用粉飾，於日易。
證無愧，於微難。
世萬物，物性天。
人至靈，靈合人。
天本道：道合人。
修回道，然寂空。
道自然，然寂空。
人求利，天下利。
心求名，萬世名。
爲人謀，衆生想。
助他名，助他行。
能知己，始知人。
不知地，不知天。
能知性，始知神：

不知道，今昔異，爲工作，誰前後，只帥哥，頭莫暈，堂堂正，髮不染，妻失賢，夫敗德，家道興，妻是鑼，若會敲，出母胎。

焉知佛，男女平，各爭雄，莫計較，皆歡心，叫謝女，口美謙，做個人，何異眼，夫遭禍，妻蒙羞，夫婦諧，夫爲錘，音階美，育養長。

食爹娘，吃糧餐，未囚前，世呷糧，唯上前，悔獄吃，流浪漢，紅塵弄，橋頭堡，市鎮內，每春節，吃無奈，時悲晚，聖不先，非左激。

報恩情，保三餐，千百種，味苦澀，親友慰，街巷宿，廟前臥，河邊眠，地道憩，宴客歡，嘆志屈，心苦食，處中道，不右偏。

做人則，千古律。
仁近山，智樂水。山水緣，常結情。
登高山，澗水遊。得性命，壽延長。
世眞理，愈辯明。辯非飾，見眞性。
酒澆愁，心悟樂。色美豔，採防毒。
財非義，擁難安。氣鬱疾，去吐野。
此四則，人成敗。身既得，當愼惜。
世百善，孝爲先。生前養，勝歿榮。

善歸善，惡得惡。
善惡報，毫不爽。
善惡分，快判明。
走錯步，快回頭。
人慷慨，心疏狂。
性豪邁，忌失態。
人節儉，非吝嗇。
性大方，遠奢華。
世上物，變無常。
在紅塵，看起落。
莫執著，身隨緣。
處心安，無罣礙。
客來訪，茶當酒。
表眞情，論古今。
談趣聞，性表達。

歡聚散，期常敘。
夥竊鬥，時逍遙
法擒牢，思悔痛
人敬你，首尊人
先友對，友自來
做事易，做人難
守天理，本無愧
何難做，良心安。
文蓋世，武略雄
入將相，轉頭空：
蒲團坐，禪養性
衣食淡，不染塵
冤孽病，非藥醫
消業障，印善書
酒友歡，醉甜狂。

藉發洩，聚反怨。
濟困無，及時雨
雪中炭，高天地
世上人，孰無醜
美心善，善無美
溫室花，難奈冷
寒霜梅，朵朵豔
人經事，始長智
不嚐苦，豈悟甜
身犯錯，錯不怕
怕不悔，悔反聖
眞性我，我悟道
知能悟，悟得道
處逆境，要堅強
身得意，宜謹慎。

世上人執快樂。
非權勢不名利
心靈美止囂華
無貪慾遠知足
他人鏡可攻錯。
藉山石補闕益
滿遭損謙受益
莫自傲萬般有
競前茅拔頭籌
眾歡躍敗慕榮
成功果大網中。
社會猶想爬出
身鑽入不塵染
心灑脫否劫陷。
大智慧

懷大德成於善。
欲大功成於志
遇大難成於勇
謀大業成於智
技大研成於專
容大怨成於器
心大高成於量
學大明成於博
力大壯成於鍊
悟大道成於捨
抱雄圖力勤勞
心天高命紙簿
賺大錢建偉功
狂妄想空跌跤。
避風港唯家納。

親友迎，得慰情。
療傷痛，復元氣。
重拾鼓，敲響鑼。
科學研，時代易。
人生觀，心懷異。
唯不變，仁義守。
道德抱，忠孝行。
人既思，否無域。
靜性思，思無空。
空道得，得不得。
人味懂，亡心得。
客來往，無白丁。
知禮貌，不撒野。
俠義風，猶江湖。
勇相協，遠恩怨。

助友成，志酬報。
得人援，思反饋。
暗室燈，心點明。
光亮照，鬼神護。
世人心，萬般有。
但莫存，貪嗔癡。
克己敬，親承歡。
庭前掃，氣象新。
振華堂，德門盛。
倡仁義，尊親長。
禮儀彬，懷惠和。
學聖賢，重鄉里。
誦詩文，灑脫風。
善流芳，家餘慶。
孝公婆，調甘味：

相夫扶，

勤勞忍，

貧富有，持家儉。

賬困急，盥洗勤。

懿名傳，惠澤留。

唯寬容，仁澤留。

過往痕，始不朽。

爲人己，雲永恆。

橄欖油，抹煙飄。

水火傷，算恨怨。

塗部位，攬盤粉。

莫心疑，迅癒疼。

傳世人，文西店。

是草木，只生魂。

爲禽獸，生覺魂。

但人類，生覺靈。

三魂俱，頂天地。

萬物靈，知天地。

何五常？爲五常。

禮智信，缺非義。

人抱守，列聖人。

塵世間，事工賢。

求世間，偷閒忙。

世間變，人心易：

行德難，失力演：

電動玩，喪義易：

求仁難，豈填飽：

物慾貪，迷智易：

得禮難，人相往：

工商業。

交誠難，背信易：
爲趨活，沒時暇：
讀書難，空談易
處人群，昧反省
正己難，言人易：
易反難，心靈美。
難無難，但責人
工在忙，人在閒
有時間，沒工夫：
而責己，先責己：
人若能，世太平。
遠責人，恕人難
恕己易，恕人難
恕己心，反恕人
有何怨：若能恕

天下安，世太平。
事求人，先考量：
設身地，非強勉：
人央事，儘爲力。
縱不允，婉勿傷。
忍一時，得自在。
因不讓，後悔遲。
退一步，海闊空。
爭狠逞，遺恨晚：
多少憾，吃牢飯。
非年少，壯老檢：
修人道，進天道。
人德全，天道成。
身在家，心出家。
人入世，非在世。

有理想，衡現實。

宜判明，踏空悲。

是人心，莫相損。

協發展，共創榮。

不失敗，何成功。

不怕苦，終有得。

徑路窄，讓人行。

滋味濃，客先嚐。

謙恭禮，獲同情。

施仁愛，處世情。

秀椰林，風必摧。

堆出岸，流必湍。

行高人，眾必非。

身山峰，處必危。

德磊落，溫良應。

有反諷，寬厚諒。

器識宏，宥諒人。

德感化，眾仰歸。

為偉業，智慮深。

屬有錯，責無傷。

隱人惡，揚人善。

不結怨，無仇惹。

寧吃虧，不人怨。

天運事，無不平。

天下化，一陰陽。

冇運玄，妙孕人：

是獨身，一男女：

守無愧，立天地：

是家庭，一成員：

守孝道，明做人：

是社會，一份子：
守仁義，本道德：
是國家，一國民，
守國格，秉忠節：
是人類，一小我，
守奉獻，成大我：
是地球，一靈物，
守環保，不毀滅：
是宇宙，一星球，
守軌道，太空轉：
身背道，行天理：
大千世，難太平。
食主祿，擔主憂。
莫吃裏，爬外客。
當笑看，紅塵美。

世萬般，不心惹。
是活水，始養魚。
是人德，知求存。
好生人，是上天。
耐世人，自造孽。
天悲憫，挽世劫。
今聖佛，降塵化。
以先覺，啓後覺。
体行善，力行道。
隱行善，印善書。
勸化善，功德積。
天化善，以度人。
時有魔，以阻擾：
道高尺，魔高丈。
行道人，受魔考。

体上天，本道化。
勇敢對，任怨謗。
願代天，宣教化。
力功成，德可難。
生中運，得身道。
惜幸土，力進己。
世凡事，應推道。
及人想，莫剛愎。
老吾老，及人老。
幼吾幼，及人幼。
做一個，忠於國。
孝於親，獻人群。
世人業，千百分。
皆以道，德離非。
人做人，守本分。

以道德，行得聖。
修天道，体天心。
仁慈本，不殺牲。
世眾生，敬拜神。
水果供，不葷腥。
不革腥，不破卵。
不傷胎，不覆巢。
不填穴，樂其生：
心愛物，斯謂仁。
事惻隱，斯謂義。
知當進，斯謂禮。
判是非，斯謂智。
一言諾，斯謂信。
苟皆此，斯謂人。
明其心，隨於德。

人相處，難求同。
生九子，性殊異。
不天馬，難行空。
是雲龍，遠飛騰。
鏡大千，內有天。
心萬物，原無象。
岳武穆，泣鬼神。
秉精忠，感天地。
以純誠，於社會。
以禮智，先孝慈。
爲父母，本廉養。
得做人，難進節。
行忠義，修大道。
無心德，終正果。

守本分，人合道。
不迷信，言行則。
違人道，回天難。
女不男，男不娶。
逆天道，地道入。
人道天，天道返。
生道行，行人道。
無爲因，不人類。
守誠意，心不雜。
化稟性，養天性。
人工作，体天人。
人讀書，始明理。
日太似，生賢良。
日太姜，日太任。
古時周，有三母。

悖倫常，天懲獄。
為千金，性如棉；心存美，家貴星。
為媳婦，性如水；心感恩，家喜星。
為婆婆，性如灰；心眾益，家福星。
道為何？是陰陽，何陰陽？為男女：
為夫婦，正本位；是合道，否背德。
古三綱，君父夫；今三綱，性心身。
人氣人，性綱倒；人罵人，心綱倒。

人打人，身綱倒；綱不倒，守正道。
古說女，有三從：家從父，嫁從夫，死說子，婦難從。
今從從，性從天；身從情，心從道。
守人理，天理得；夫婦處，敬明理。
陰陽和，莫相剋；人之道，是天道。
人有道，離難人；人責己，勝責人。
自不責，何責人；為人爺，做人父。

當人子，要正守。
人守正，就是守。
不該爲，是逆道。
供聖像，崇何人。
胎感質，心思念：
誠感格，氣質同：
誦其言，生如賢：
耳有淫，目不邪。
婦其言，口不惡。
寢不側，坐不邊。
立不躍，食席正。
食母乳，壯体健。
媽爸悅，兒性善。
教嬰兒，學先賢。
誘天性，向仁道。

是非觀，正誤觀：
善惡觀，幼教辨：
人做惡，成佛人。
人惹怨，別生氣。
氣變急，事逼你。
別著寒，急變熱。
寒熱急，心知戒。
氣不生，是降龍。
伏虎謂，能降伏。
爲人寶，否殃災。
人上火，是龍吟：
人生氣，是虎嘯：
能降伏，人火氣。
始得道，否成魔。

稟性何？是怒恨。
怨惱煩氣生火，
火上升病疾臨：
正念生神來護，
邪念起鬼魔擾。
人心動道自生，
人心死道自滅。
找長處是聚靈，
尋短處是收臟。
人聚靈能收陽光，
性溫暖能養心，
愛收臟存陰氣，
性冷暗會傷身。
找好處則開了，
天堂路：認不是

則閉上地獄門，
找好處：則勝用，
暖心好處：認不是，
則勝服清涼散，
釋迦佛受辱時，
口還說我成道。
先度你胸量宏，
世名教派門異善。
宗旨同望人善，
惟天道拯蒼靈，
當今世諸天佛，
在人間學即來佛，
孟子說人皆可，
為堯舜志學得，
何有難怕不做。

人之心，愛傲高。
實不然，應低流。
人不爲，你去做。
丟不撿，陳絕糧。
孔夫子，是道佛。
歌不輟，坦心樂。
耶穌釘，十字架，
三日活，仍救人。
豆生秧，秧成豆：
誠求道，無心成。
無心得，不願得。
福人少，苦人多：
道是行，德是做。
不行無，不做沒。
行本分，接天理。

守本分，合天道。
何本分？素位行。
行本分，超本分。
八德逾，八個佛。
人守德，八個入。
世上人，行孝德。
守不墜，定一門。
化人性，勝人命。
命一時，性永恆。
人在世，事物迷。
假當眞，看不透。
人看透，不氣火。
反笑笨，自責非：
恭敬我，反害我。
辱羞我，反成我。

何謂假，指虛名。
榮辱是，看透樂。
不生氣，不可佛，
不動性，守上火，
火金童，氣玉女，
不它剋，就是佛：
有關羽，無曹操，
有岳飛，無秦檜：
不反得，何成道，
不反助，何因得，
一切事，哈哈笑。
逆來受，人情學，
人鍊透，無不樂，
客何地，猶磚坯，
鍊不透。

遇見水，就溶化。
想明德，必性圓，
要性圓，死性化，
享盛宴，惜浪費，
自縊裁，決為獄，
人錢積，不稱富，
人心足，不為窮，
行布施，非只帛，
以力言，非勝天，
撥是非，難勝天，
弄謀詐，易地獄，
情反覆，猶人心。
事難料，如天雲。
強風定，花猶落，
眾鳥鳴，山更幽：

看千山　鳥飛絕
路萬徑　人蹤滅
河孤舟　簑笠翁
自獨釣　寒江雪
誦吟詩　化心合：
入情理　体妙境：

雪紛飛　鳥絕跡
人無蹤　寒江上
有老漢　獨釣雪
達情理　因非魚
大自然　景反射：
雪不魚　符詩道：
體天心　察人情
得世理　心不昧
人相處　莫相斥。

事相協　莫相損：
人有成　心高興
事有功　往祝賀
心存忌　天不容
自不力　莫反正。
忠恕廉　明德孝
義信覺　公博正
仁慈忍　節儉真
禮和唫　字真言
身家安　吉神護
因天地　正氣顯
君子口　萬莫手。
吐損益　善惡業。
股海浪　波濤湧
葬身否　測智拙。

汗不出妄利得

腳不實空踏跌。

伯仁死非我殺

道義論心難安。

六根淨始佛門

丟牢籠入禪房

何牢籠？迷萬事

繞六根結不解

何心根？耳目鼻

口心意遭塵染。

身人子無工作

閒家玩莫累親

電玩處偶固可

萬莫戀否喪志

身無鈔心莫邪

安分守否為因：

入鐵窗攝心性

悔反省誓藝讀

復青天光明得

惜人生莫輕毀

莫自卑勇面對

尋工作否自修

天生人莫相較

憑智力創事功

世人類窮富生

得因勤敗為懶

莫怨天不尤人

肯努力定有穫：

自不幹反羨人：

世上事何易得：

行正道，不違法。
法落身，心後悔。
鐵鋼杵，磨繡針。
工夫到，自然成。
天下事，無何難。
怕不為，行必得。
百不業，是必做。
萬惡業，歹人當。
化行邪，無陰影。
有心霾，笑陰出。
無陰結，神氣旺。
痕霾銷，天氣清。
是毒路，行必死。
是歪途，踏必亡。
是邪道，入必敗。

是暗徑，去必喪：
動身前，宜判明。
若陷前，立勒馬：
身体健，精神旺。
事業興，否難為：
身無病，難知苦：
人有疾，始知痛。
身無錢，行步難。
人有錢，當惜用。
施比受，更有福。
失比得，尤慰心。
什麼事，要會想。
能悟通，苦則樂。
因果論，當相信。
種何因，得何果。

未下種，何有穫。
不耕耘，難成果。
世上餐，無白吃，
不流汗，別想得。
太平間，堆屍房，
人到此，萬事休。
殯儀館，告別式，
三鞠躬，親友訣。
那一家，人不死？何人宅？
生死理，天地情，
循環變，萬物得。
亂葬崗，墓園地，
荒煙草，土一坏，
醫院內，病床上：

呻吟病，未疾明。
親友疾，難疾探。
生死轉，世不心，
千般情，萬人生。
人在世，不種悲，
人種德，不明生，
心昧施，他世苦，
善惡報，別不果。種善因，
因失敗，莫善由。
爲成功，想辦法。
長堤岸，草連綿，
湖面上，舟輕盪，
遠處傳，牧笙歌，
性悠閒，任遨遊。

山水伴，田野美。
林園靜，忘機情。
古德論，欲作人。
爲君子，但落得，
爲君子，是小人：
其枉自，是小人：
故君子：小人分：
在施善，非行惡：
人當爲，君子儒。
萬莫作，小人行。
言吾過，當致謝。
虛心察，莫論非。
隱私權，人人有。
有德人，不言私。
人愛說，人是非。

常就是，是非人。
識大体，德無愧。
縱小節，人莫損。
中國人，民族性。
不認輸，何畏苦。
有志氣，闖四海。
講團結，創事業。
揚家醜，非盛德。
揭人私，損厚德。
哺兒女，昧孝養。
忘林鳥，唯禽獸。
同林鳥，是夫妻。
甘苦共，偕相扶。
人損人，反損己。
人利人，反利己。

佞不省，反怨人。
賢德人，反責己。
尋優點，收陽光。
找缺點，積陰氣。
人三性，曰天性、
曰稟性、
曰習性。
孟性善，為性善：
荀性惡，為性惡：
無善惡，別分明。
近朱赤，近墨黑。
去習性，化稟性。
圓天性，超三界。
錢會用，造功德。
運不當，孽難逃。
人三命，曰天命。

日天命，曰陰命。
性天合，道義是：
心天合，道德是：
身陰合，識能是：
何宿命？為稟性、
稟性是恨怨。
惱煩怒，除陰恨。
人論命，權非卜。
心本仁，絕業非轉命。
縱一時，業不遂。
有善書，可易厄。
印善書，可易宏。
命運好，事稱心。
性先修，得靈光。
不性美，命難通。
八德門，常啟開。

人行一，自然入。
關公義，岳飛忠。
楊震廉，天上神。
看世人，菩薩相。
惠施人，一生樂。
給你氣，不動性。
得譏訕，不反擊。
承受辱，不人佛。
人欺人，天不欺。
人苦人，天不苦。
人害人，天不害。
人怨人，天不怨。
聽其言，觀其行。
聞其語，知其性。
明其人，瞭其為。

有知識，無智慧。
何詢問，心明白。
判其情，善循導。
透其人，是學問。
鍊不堅，見水化。
何鍊不透？先親友。
次人群，探明性。
想明德，性須圓。
先死心，性則化。
人捨錢，先捨身。
欲捨身，先捨心。
人捨心，先捨性。
悉捨掉，壞稟性。
復本性，天人合。
先天性，無不美。

境習染，遷善惡。

看善書，印經典。

養心性，積功德。

宇宙闊，浩瀚空。

世滄桑，變無常。

北國情，草原地，
大戈壁，心豪雄，
胸懷宏，包天地：

寬怒人，德量深，
得報償，蔭子孫，
有可爲，有所不，
獨立性，自主導：

像牙塔，坐井觀，
外天空，心昧明，
走出去，海闊情。

塵寰事，孰能脫？

人煙火，誰不食？

爲群眾，謀福益。

活百歲，數日萬子，
只不過，時日萬，
六千五，去三萬，
扣睡食，除童年，
爲工作，僅休閒，
浪荒用，惜枉日生。

情愛何，色是空，
迷慾戀？後果苦，
爲人己，身工作。

年齡屆，体衰休，
建築窩，未雨傘，
避風港，家溫暖。

幼童年，各千秋。
中老齡，路有異。
一顆心，會用美。
空獨寂，靈沉澱。
人立世，有風格。
不隨俗，美留範。
忘往昔，征塵情。
晚年景，甜蜜夢。
人生路，單行道。
歸同途，修天地。
受委屈，心宜忍。
思報復，毀前程。
不諒解，但溝通。
有誤會，早晚明。
人心情，複雜想。

自反省，無風波。
牛角尖，不能鑽。
忘創痕，否神裂。
陽剛性，陰柔性。
陰陽諧，世美滿。
流星雨，穿浩空。
人過客，世時短。
安身處，立命點。
目標人，力完成。
是謀策，打不敗。
勝敵人，先自己。
世不幸，何其多。
人逢遇，但非爾。
蒙古症，閉動兒。
智殘障，譜愛心。

房無頂，繁星露。
泰難民，昔國人。
落異域，蠻荒地。
山澗野，茅棚棲。
一把火，化塵煙。
荒蔓草，傷淚痕。
憐憫心，慈悲念。
感同受，施仁濟。
德雷莎，史懷哲。
為貧病，奉生命。
人障礙，自克服。
藉他力，比較難。
逐夢人，人織夢。
夢人生，生難圓。
圓夢人，遍世間。

人有夢，活品味。
生活層，層階多。
多体驗，驗人生。
樂了人，人樂苦。
苦因人，人苦樂。
苦嚐味，味人苦。
福中了，了知福。
知人福，福不知。
當先苦，苦自己。
做了什？為人群。
做了問？莫問人。
人為您，做了什？
分家財，想非男。
陪嫁妝，女不要。

性傳統，人現代。
但保守，身前衛。
戲前台，光亮軒。
身背後，辛酸苦。
人冒險，難有成。
性保守，莫過女。
人性愛，天下尊。
世上母，繫媽媽。
生子身，恩重天。
身兒女，胎生七。
天地仁，人性愛。
貼心話，向人道。
非知己，莫開口。
知心友，非外人。

彼此情，通款曲。
人知心，訴委屈。
守私密，言非義。
夜漫漫，鐵窗冷。
撫心靈，靜讀寫。
柏楊鑑，綠島情。
資治通，功世人。
乘遊艇，泛河上。
美風景，心情爽。
天心公，人心狹：
化天心，為人心：
天心公，人心私：
化天心，為人心：
天心美，人心醜：
化天心，為人心：

天心道，人心魔：
化天心，為人心，
天心正，人心邪：
化天心，為人心，
天心仁，人心殘：
化天心，為人心，
天心德，人心怨：
化天心，為人心，
天心樂，人心苦：
化天心，為人心，
天心明，人心暗：
化天心，為人心，
闊公美，道正仁：
德樂明，是天心，
人秉守，化世人：

狹私醜，魔邪殘：
怨苦暗，非人心，
去人心，合人心：
人類心，皆天善，
只少數，是善良：
天化人，無九良，
淨心修，聖不仙：
守天理，本佛心，
去做人，否殃身：
天不語，地無言，
欺天天，果必慘。
敬天地，禮神明：
冥冥中，得庇佑：
孔子誠，獲罪天，
無可禱，豈不畏：

孝父母，尊親長。
拜天地，身心安。
揮揮手，雲不帶。
來天地，去洒脫。
爲誰活，非別人。
路自走，裁罪重。
人主動，打招呼。
問聲好，是禮貌。
莫羨慕，人家好。
虛榮心，不可有。
一切時，一切處。
一切事，利他先。
人利人，反利己。
人損人，反損己。
點滴恩，湧泉報。

忘情義，良心責。
世萬惡，色爲首。
戕身斧，刮骨刀。
知身用，陰陽濟。
不調和，反潤身。
蓬萊超，人人福。
福不知，心貪求。
人知足，福難量。
他山高，比心苦。
生寶島，前世修。
爲非歹，千不該。
有志氣，莫鬥氣。
要爭氣，遠間氣。
年歲老，性清靜。
清靜經，唸忘塵。

窗門外，鑼鼓響，
心靜無，何干擾。
斗室中，享孤寂，
清修福，性天合。
信何教？唸聖號，
接天音，靈回位。
畫藝習，書法練，
吟詩書，養心性。
讀漢文，智商高。
因象形，助思考。
有寂寞，自尋找，
忘往痕，不思樂。
雲煙過，飄無蹤。
何有跡，看灑脫。
無有得，得無得。

何得得，不得得。
學輟哀，泯社會。
夥結幫，為兒女。
為父母，悔後遲。
刑案發，求刺激。
心好舞，飆求停。
啡，未役齡，學輟家。
業無就，空檔險。
爭女友，醋性鬥。
社會榮，外誘惑。
閒無聊，夥作案。
青春期，精力旺。
尋娛情，求發洩。
策過止，適安排。

鐵窗內　多此輩
惜囚君　孰歪哥
因損友　認不清
一時錯　出悔非
夥劫案　縲紲入
上天悲　憫悔醒。
懸崖馬　無不赦
錢用量　無標準
自不掙　莫非想
他人財　得不易
搶竊取　用喪德
德為何？　是良心
心德有　牢免入？
入鐵窗　思為何？
窮不盜　是人雄。

為了啥　不值得
見賢思　人性美
看人賢　莫近染
是好友　規勸勵
行為改　走正道
心不貪　性恬淡
情寡慾　人心樸素。
良知失　活樸素
性難安　人心悖。
為聖賢　行乖張
貴悔過　非期成。
變氣質　浮雲風。
美乎中　德不偏
勤勞習　發四肢。
熱情待　信虔誠
謙養器。

性品優，學淵博。
心仁慈，度雅量。
言行一，儀表端。
仁厚道，安貧樂。
遇良師，結益友。
事業成，心無憾。
怒待人，忍自制。
和容眾，德化顏。
固廉恥，勝求藥。
養性情，勝立羽。
昭信義，勝威福。
篤立誠，勝多言。
慎隱微，勝博名。
正心術，勝廣宅。
教義方。

學技藝，勝貨財。
美道德，勝功名。
孝父母，勝妻名。
忠國吏，勝爵祿。
廉氣節，勝貪賄。
守正義，勝悖情。
養氣節，勝變榮。
明天理，勤讀書。
不妄語，立信誠。
持勤儉，家道興。
遠奢侈，窮無分。
量寬恕，以待人。
立功德，以修道。
少煩惱，以養身。
得歡心，以事親。

不晏起，以居家。
多忍誠，以處世。
本虔誠，以信仰。
寡私慾，以養心。
節飲食，以保体。
持勤儉，以持家。
寧讓人，勿人讓。
寧容人，勿人容。
大德首，世列孝。
体髮膚，受父母，
不敢毀，孝之始：
身行道，揚名顯，
耀門榮，孝之終。
始事親，中秉忠，
終修身，行則範。

忘爾祖，喬心醜。
報春萱，恩天地。
烏反哺，羊跪乳。
生孝養，勝歿哀。
人昧反，否禽畜。
孝道行，恭誠敬，
時溝通，不辱庭。
樂親情，悅耳目。
不違孝，問安好。
生事孝，死葬儀。
祭祀時，忘非裔。
曲諛從，陷非義。
婚無子，非孝言。
博奕酒，好鬥狠。
不志業，難謂孝。

昧知恩，難爲人。
不恩報，枉爲人。
天雖廣，地縱大。
忤逆起，待譴懲。
内外潔，晚早寢。
閉門戶，關電源。
一飯粥，思不易。
半絲縷，念物艱。
天未雨，思綢繆。
勿臨渴，去掘井。
自奉儉，器皿潔。
衣樸素，富勤得。
家雖貧，課子讀。
入學念，力奮前。

輕信言，知非譖。
禮往來，婚喪臨。
恣殺牲，家難成。
凌寡弱，不仁德。
戒爭訟，勿恃勢。
人鄙賤，心不恥。
見富諂，遇貧驕。
娶媳婦，莫嫁奩。
擇佳婿，勿厚聘。
難人子，婚索女。
重貲財，簿父母。
長幼序，内外明。
倫常乖，立久亡。
勿刻簿，家恤享。
親鄰困，溫慰享。

因事爭，省我非。
情不絕，留餘地。
人喜慶，親祝賀。
有禍患，莫幸災。
善行顯，非眞善。
惡畏知，是大惡。
夫妻暗箭，惹女苦。
家和樂，禍延裔。
得餘歡，餐不繼。
稅納樂，役相悅。
人讀書，志聖賢。
非官爵，奉公安。
人守分，命聽天。
勸幼聿，聽人勉。

讀詩書，力上進。
學謙讓，循禮義。
儉衣食，戒鬥狠。
不說謊，無貪心。
莫任性，勿使氣。
遠責人，自省非。
能低下，懷有志。
胸容他，成大器。
凡為人，測心地。
心地美，是良士。
邪歹醜，列党類。
寧吃虧，勿虧人。
寧受氣，勿氣人。
有恩我，身不忘。
有怨我，立丢掉。

見人善，則稱揚。
聞人過，避不言。
人勝我，表敬重。
我勝人，抱謙虛。
人寡慾，精神爽。
心思慮，血氣衰。
口少杯，不傷性。
抱忍氣，免亂財。
貴因德，富從儉。
貧因惰，禍從口。
溫柔益，強暴災。
德施福，刁竣禍。
暗施箭，巧藏獸。
養心性，多行善。
行欺妄，枉吃齋。

守倫常，勿乖舛。
處鄉鄰，首和諧。
身安分，人無辱。
防是非，口莫開。
人畏天，存善念。
道人短，人不恥。
誇己長，德有虧。
譽不慕，德自修。
榮不張，德謙守。
名過實，心易敗。
實逾名，功易建。
剛易斷，猶人齒。
柔易生，猶人舌。
修人道，成天道。
通人理，得天理。

父子親　君臣義
夫婦別　長幼序
朋友信　守得道
言忠信　行篤敬
嚴懲忿　去窒慾。
勇遷善　痛改過
正其誼　不謀利
明其道　不計功。
己不欲　勿施人
行有礙　反求己。
作人信　以勤廉
以信慎　以忠恕。
身體行　首言己
勤求知　言謹慎
性簡樸　養剛毅。

己先立　要達人
次對人　始達賢
心容眾　泛慕群
舉賢言　不避親
對事能　義利辯。
避利誘　不勢屈
高瞻原　勇往前
盡職責　遠誇邀。
短小護　不終命
長不矜　護不短。
人尤人　先尤己
外求圓　內求方。
晦不爭　謙不辯
戒多言　虛得益。

人爲善：遊德域。
心向惡：伍佞鄉。
友誼交：相戒勵。
結賢德：非富貧。
德人處：淡如水。
佞人言：甜如蜜。
孔曾養：女佞人。
博難問：慎思辨。
治學本：聖賢許。
天下任：持志本。
無思慮：不妄念。
正心本：融物本。
懷天地：養氣本。
懲忿慾：闢閑邪。

修身本：悌和順。
克謙讓：居家本。
公無私：任仁義。
經世本：負責怨。
有爲守：負責本。
擇善固：實求是。
治事本：健剛毅。
強不息：成功本。
直勁節：明恥勇。
立德本：推己本。
德報怨：待人本。
利人濟：和光同。
處世本：克倫理。
盡心性：進道本。
同天極：物與化。

作聖本：人之則。
身是果，心為蒂。
蒂若壞，果則墜。
人悟懂，進德業。
立天地，本坦蕩。
行磊落，心光明。
修人道，德施先。
功果滿，回天庭。
蓬萊客，都神仙。
三分拙，一點癡。
微聲啞，壽身賢。
五味多，酸傷脾。
苦傷肺，辣傷肝。
鹽傷心，甘傷腎。
慾傷精，怒傷氣。

思傷神，宜節制。
弱病侵，悲歡極。
致疾因，飲食均。
不夜醉，戒晨嗔。
去百疾，節五辛。
欲延壽，命自修。
人養心，去煩惱。
遠榮枯，除得失。
腹食少，心事少。
口言少，神仙身：
酒節飲，忿速懲。
慾力制，病遠飛。
酒亂性，味薄安。
耳鳴腎，目暗肝。
節脾健，空莫茶。

冬極暖，夏至涼。
露臥星眠，身有害。
治道，看人爲善。
人計在於善。
身計在於修。
心計在於空。
日計在於晨。
年計在於春。
生計在於勤。
家計在於和。
族計在於凝。
國計在於獻。
言雖近，旨則遠。
人惡勞，心好逸。
愛甘食，喜美衣。

立身世，難言成。
天地化，日日新。
苟日新，動不息。
故戶樞，則不蠹。
行流水，則不污。
昔禹聖，惜寸陰。
陶侃賢，珍分陰。
人美德，在於儉。
貧不鄙，富羨非。
食衣住，富爭榮。
省惛窮，世德宏。
性勤儉，生富貴。
得富貴，心驕賤。
欲常保，戒驕奢。
免貧賤，學勤儉：

儉施仁，儉寡義
儉家禮，難立世
儉友信，儉訓智
儉慳吝，非信人
儉當為，非智人
儉薄親，非禮人
儉積遺，非義人
儉爽約，非仁人。
富貪貧，貧儉富
富奢貧，貧勤富
人奢侈，富不足
人勤儉，富有餘。
奢心貧，儉心富
富吝鄙，貧施敬
勤不儉，枉費勤

儉不勤，困守窮。
勤以聚，儉以守
始克濟，方可得。
儉嗜慾，精神爽
儉飲食，脾胃寬
儉語言，元氣藏
儉交遊，心神寧。
儉酬酢，歲月多
儉嬉遊，學業進
儉是非，遠紛擾
儉於紛，以養專。
儉於聽，以養心
儉於事，以養神
儉於言，以養氣

儉於慾，以養精。
儉善用，益無窮。
世榮貴，誰不慕。
悟勤懶，窮富分。
有錢時，防無錢。
若沒錢，想富難。
人勤懶，一念生。
勤家榮，懶足羞。
衣食淡，未卻憂。
心田失，防念生。
儉留餘，勤修福。
窮人濟，功德積。
少年讀，隙窺月。
中年讀，庭望月。
老年讀，臺玩月。

因閱歷，得深淺。
心有容，德乃大。
性有忍，事乃濟。
一毫拂，忿然怒。
一事違，勃然發。
涵養何？福簿人。
蓄肚量，否難人。
人昧苦，何難功。
不勞得，難知甜。
攀山崖，踏逸享。
世道險，耐危橋。
坎坷路，傾軋情。
反覆心，耐性忍。
謹慎行，免跌跤。
佞人處，進德賢。

侮愈甚，何損我。
人有錯，知省悟。
他山石，可攻玉。
有謙讓，便得益。
行誇著，受挫損。
讓一步，人尊高。
退一步，進德本。
對待人，寬一分。
人卑微，處世則。
性忍默，孰招災。
人厚德，深藏身。
何張揚，否逞才。
自好處，掩幾分。
守含蓄，以養深。

人好處，揚幾分。
得好處，以養大。
昔渾厚，遇世屈。
坦然受，身世沒。
偶挫喪，輒忿懣。
抑鬱天，仰湮沒。
學勾踐，橫……
惜生命，千秋崇：
蔣公辱，失神州。
勿忘莒，力建台。
生聚訓，志復心。
中山艦，幾奪命。
北伐統，力忍蓄。
敗日勝，不亡國。
功在世，仁德君。

封一品文判官。
天皇中准簽辦
亥子道新宗教
度蒼靈化世劫
為中華英蒙難
屈國父軟囚禁
為民國志不命
十次喪心不餒
為愛民不干戈
讓權位爭自由
為民主創共和
倒專制商國是
為統一京殯崩
南北合懷博愛
為人類

個人忍，以易功。
家人忍，以慈孝。
世人忍，以立業。
貴人忍，以養德。
窮人忍，以免辱。
富人忍，以保家。
德化解，免後憂。
逞財勢，結怨尤。
小不忍，亂大謀。
鬥勝強，禍臨身。
唯漢帝，始志成。
建奇業，不世功。
護中華，陰庇佑。
保回天，衛民國，偉慈君。

夫婦忍，以和合。
兄弟忍，以義篤。
友處忍，以得情。
藺廉忍，爲強國。
張公忍，和九世。
淮陰忍，登將合：
鴻章忍，痛弱淚。
涵養心，怒中氣。
宥諒心，睡無憂。
忍窮訣，妙無味。
窮天地，難窮窮。
忍難忍，尤要忍：
忍不忍，後果苦。
五百年，一大千。
乞食藝，譽寰宇。

敦煌畫，工筆描。
中華寶，長江圖。
念祖因，僑異域：
忍赤子，寓台終。
忍耐國，歲月長。
人生歌，長兄長。
生無父，姐爲母。
身乏恩，忘非人。
撫育母，思反哺。
處獨室，心天地。
身塵寰，懷宇宙。
守安分，身無辱。
識透機，心自閒。
居人間，超然世。

無塵染性淨明。
德功言三不朽
建立勳以德基。
人在世本三綱
守四維美四德
三從行三達道
五倫常八德遵。
心如人人如心
恕己人推萬物。
心從刃刃從心
一把刀忍非辱。
心德仁人心德
是良心爲天理。
推己人事益人
不私己寬溫柔。

無是非遠是非
不言非則是人。
散文家敏感受
富聯想巧構思
精雕琢嫻用筆
三一律新形勢
新語言新感性
不輟寫名著傳。
貧鬧市少人問
富深山有遠親
人有緣千里會
人無緣面不識。
力勸人壞莫爲
頭頂上有神明。
善惡爲終得報

遲與早，絕不爽。
有子貧，不會長。
無兒家，富繼無。
吃虧事，不計較。
他日報，必得好。
命裏有，終須有。
命中無，強求難。
龍淺水，遭蝦戲。
虎平陽，被犬欺。
黃河水，澄清日。
人絕有，得運時。
人在家，不迎客。
出門時，難得友。
相逢歡，否空回。
洞桃花，笑痴人。

人情紙，張張薄。
世事棋，局局新。
刻意栽，花不發。
無心柳，插成蔭。
畫虎皮，難畫骨。
知人面，不知心。
偶相逢，似相識。
喜結緣，會心友。
九分話，坦然說。
一片心，暫且留。
錦上花，世上多。
雪中炭，不可少。
筵中酒，富貴先。
人若貧，杯難前。
求人助，尋君子。

濟人困，急時無。

渴時水，如甘露。

醉後杯，不如無。

人生路，猶階梯。

高一層，低一程。

山高峰，水低落。

浪渦陷，旋低落：

暗渦隱，常遭陷。

處處險，行謹慎。

世少有，百歲人。

世情好，人想得。

物多捨，莫取錢。

莫作皺眉事，世應無切齒郎。

多開口，惹煩惱。

強出頭，是非多。

枯木春，猶再發。

人無兩度，再少年。

同船渡，百年修。

共枕眠，千年修。

父母恩，在世難報。

夫妻情，難相守。

同林鳥，宜珍惜。

大難臨，飛不離。

春光去，枉度生。

莫教人，枉度生。

心易想，紅粉麗。

貧風流，自尋苦。

牡丹好，空入月。

棗花小，結實成。
近水樓，先得月。
向陽光，早逢春。
古時見，月非今。
今時月，曾照古。
馬無力，多因瘦。
不風流，為貧身。
孰人後，無人評。
誰人前，不論人。
山溪水，易漲退。
世上人，新舊替。
筍落籜，方成竹。
魚奔波，始化龍。
騎竹馬，憶少年。
白頭翁，瞬時臨。

月十五，光減少。
人晚年，事莫想。
兒孫福，做善事。
遺財產，會自得。
貧乍富，窮騷蹳。
富乍貧，難改性。
知心話，話知音。
非知心，莫吐音。
忍萬事，萬事成。
恕萬事，萬事得。
憑才華，莫心傲。
得人際，易事為。
事說難，難上難。
說為易，易為成。
世上人，少有壞。

德感化，歹變好。
不孝親，何敬神。
悖親情，枉爲子。
兄弟和，始交友。
親友睹，方知情。
貪淫氣，傷財身。
保元氣，勝服藥。
債務人，償無累。
在世身，潔無染。
昔孟姜，送寒衣。
丁蘭孝，刻木情。
先交心，尋知音。
友朋多，始換心。
直中直，山中有。
仁中仁，世上少。

海水枯，易見底。
人死時，難看心。
藥能醫，人假病。
酒不解，眞愁人。
術點石，可化金。
世人心，猶未足。
人求財，恨不多。
不會用，害人。
身近水，知魚性。
人近山，判鳥音。
路途遙，知馬力。
人處久，知人心。
兩人處，一般心。
心不貳，萬事成。
身有錢，道眞話。

看人醉，自然醒。
人若想，心斷酒。
身郤向，山中行。
心明知，山有虎。
花難得，百日紅。
世少有，千日好。
身若窮，志不窮。
人有老，心難尋。
人無難，少勸老。
身無錢，難重言。
語言輕，莫入眾。
人言微，值千金。
懷仁義，視糞土。
世無財，説難信。

路不行，不會到。
鐘不敲，不自鳴。
人不勸，不知善。
話是非，是非非。
人常說，是非人。
逢熱人，心常怯。
老虎生，猶可近。
誦詩向，會人吟。
人讀書，尋句好。
話不投，半杯多。
酒逢己，千杯少。
早行人，人行有。
人莫道，人膽早。
探友監，心獄警。
人不明，牢獄苦。

事不做，不自成。

遠客訪，主自理。

人恐是，痴人心。

有賢婦，助人貴。

家賢是，夫難功。

幼小時，是兄弟。

長大時，奔前程。

心大財，莫妒食。

人妒生，莫怨死。

人善性，易被欺。

馬善馴，被人騎。

人兄弟，固兄弟。

欲渡江，錢難少。

人富有，思來年。

身貧無，顧眼前。

終朝爲，生存忙。

何有爲，慮其餘。

爲有心，相好合。

美夫妻，似笙簧。

逢國難，思良將。

人家貧，思賢妻。

知心情，向人說。

得同話，心快活。

憂鬱病，心悶結。

氣不洩，疾易生。

精神病，得有因。

鑽牛角，想不開。

家中人，無才子。

想做官，何處來。

有兒女，不栽培。

想出頭，難上難。
世上官，輪流做。
人間財，勤儉得。
自不幹，莫想歪。
人有錢，辛勞得。
初相見，易為好。
人久住，難為歡。
家庭好，生瑞草。
人好事，不如無。
心向前，直中取。
人不寧，曲中求。
心欲想，得富貴。
人須投，硬工夫。
看不通，古今書。
人莫評，史得失。

得今聽，一席話。
人勝讀，十年書。
智慧人，聽人說。
愚昧人，搶人言。
專家評，受尊重。
非一般，勝胡言。
人結交，須勝己。
心得益，化他人。
人相處，日漸久。
心內想，不似初。
人讀書，得用心。
習書法，醫心性。
常念佛，攝亂神。
知參禪，無不安。
攬雲山，泛畫境。

臨風雨，入書禪。
手縱橫，觀筆法。
心德品，見風神。
澄忘我，淨無物。
心出塵，非深山。
人觀雲，悟閒情。
身起舞，聞書聲。
事有德，因益人。
世山水，功始得。
近風雲，心壯圖。
觀深山，入俗脫。
入深室，洗靈性。
進陌室，培靈性。
非雲山，難畫趣。
不風雨，豈書禪。

雲山啓，思境開。
近巖寺，泛江潮。
高嶺峰，平野畫。
江水闊，大荒流。
心鏡明，原無象。
性泰山，自有天。
頂泰山，以立身：
靜止水，以明心。
青天日，以理事。
光風月，以待人。
本恕道，以樹德。
守仁義，以處世。
秉誠信，以做人。
持廉節，以奉公。
抱忠孝，以報親。

懷博愛，以化眾。
倡和平，以止戈。
張四維，以興國。
振三綱，以安家。
舉倫常，以安人。
順天生，逆天亡。
身處世，本反良。
華文化，通天道。
人遵行，返天庭。
世上人，爭財死。
山中鳥，為食亡。
龍生龍，鳳生鳳。
耗子生，會鑽洞。
龍鳳配，各姻緣。
世人貧，勤不語。

湖池水，平不流。
小不忍，性不耐。
本微事，卻變大。
婦德言，容功遵。
非時變，四德悖。
智仁勇，三達德。
身修養，入手法。
子不教，否如驢。
女不管，否如豕。
寧人負，莫負人。
寧人雄，莫雄人。
一言出，馬難追。
一言諾，金難買。
人貧窮，志莫短。
驟馬瘦，毛自長。

人死生，不命定。
身富貴，非天決。
賊小人，智君子。
人看人，馬看毛。
德愛相，取以道。
佞反是，枉以體。
有德死，留美名。
山虎亡，皮美張。
積善家，有餘慶。
不善宅，有餘殃。
善得報，報不爽。
惡莫爲，爲殃臨。
秉正氣，立天地。
持浩然，存兩間。
非格物，難致知。

非致知，難致知。
非誠意，難誠意。
非正心，難正心。
非正身，難正身。
非修身，難修身。
欲正己，先誠人。
尊長名，呼不信。
讓坐禮，是美敬。
非知音，獲同情。
鼎力援，功德宏。
世上客，惻隱心。
人本性，無不美。
路人行，不百年。
得相助，莫忘情。

虎性毒，不食子。
人性有，豈傷類。
生中華，祖上德。
身中國，今世福。
居蓬萊，人神仙。
有身体，當珍惜。
好身体，莫為非。
不同伴，作傻事。
新世代，固昔異。
道德守，否非人。
沒有錢，窮不恥。
人無身，找難回。
中國人，黑頭髮。
天生美，色染醜。
青少夥，打群架。

死果慘，犯法牢。
人果錯，錯在何？
何指悔，錯在何。
錯不出，悔完美。
師指友，當難感。
有恆益，始世心。
無恆心，難恆尋。
忍以和，齊創業。
勤以儉，富且貴。
松柏性，寒且曲。
人立世，何苦直。
法皆空，明佛性。
塵不染，證禪心。
好山水，好風景。
好茶友，好心情。

延世澤，快積德。
振家聲，勤讀耕。
不散蓆，世上無。
聚相歡，時短暫。
事三思，終有益。
讓一著，不爲愚。
放膽承，天下任。
事當從，微處行。
臨事思，自無悔。
氣能忍，何有憂。
閑讀書，忘歲月。
心無塵，性空明。
事無疑，知道立。
讀能省，則心清。
無人我，觀自在。

非空色，難如來。
志於道，處於德。
依於仁，遊於藝。
梅經雨，香猶在。
花味清，心自在。
登高山，望浩瀚。
撫長劍，眉揚遠。
琴味濃，音調宏。
詩吟間，情性遠。
大哉聖，育萬物。
郁郁乎，夫道玄。
禪機悟，萬念止。
無長物，忘身輕。
觀潮湧，悟浪豪。
臨海洋，知天闊。

學百家，貫諸子。
文筆風，淺千里。
學忘老，歲月得。
樂世好，爲善樂。
塵百花，耕善性。
春池墨，養神情。
博覽書，悅善情。
書田味，菽粟性。
芝蘭室，有異香。
無愧心，以爲人。
無怨尤，以處世。
無虧職，以做事。
無負行，以安心。
人生命，猶文章。

不在長，但美好。
貧何羞，羞無志。
窮何惡，惡人鄙。
生非嘆，嘆虛度。
死不悲，悲無傳。
持特色，力發揮。
口齒笨，難表達。
自練習，語流利。
不木訥，人活潑。
生爲人，身處世。
俯仰間，無愧心。
不投機，不取巧。
憑天良，盡人事。
潛力腦，無限大。

創事業，謀人己。
人生路，路遇阻。
阻繞道，道行通。
美浪花，岩石激。
好水手，花經寒。
芬芳香，顯尊貴。
蓮泥出，不易節。
將戰危，效命主。
國忠良，本平淡。
守公正，以做人。
秉誠信，以處世。
抱奉獻，以無爭。
心慎密，形瑣碎。
心放蕩，顯浪漫。

人瑣碎，鑽牛尖。
人浪漫，事難成。
持立身，守公正。
天下則，行不偏。
符情事，難求圓。
行當理，行所安。
安於行，心無疚。
世人心，真諦何。
慎起生，善歷程。
美目標，立原則。
行光明，置天日。
人禍福，皆己造。
先耕耘，始收穫。
順天命，人積德。

當行善，以化命。
人際好，得群樂。
心腸壞，自尋苦。
一本書，猶人生。
智慧人，懂細讀。
人生觀，萬般情：
是美麗，發揚它。
是醜惡，消滅它。
是喜劇，欣賞它。
是悲苦，同情它。
是機遇，選擇它。
是山海，征服它。
是禮物，接受它。
是迷夢，破解它。
是蜜汁，享受它。

是苦酒，吞服它。
是挑戰，迎接它。
是掙扎，拉拔它。
是煉獄，熬過它。
是敵人，戰勝它。
是黑暗，點亮它。
是狠毒，溫暖它。
是舵手，警告它。
是無知，化愚它。
是廉正，敬仰它。
是殘缺，撫慰它。
是塵痴，啓悟它。
是過客，珍惜它。
是歹邪，遠離它。
是楷模，學習它。

是肉身　利修它
是主角　演好它
是龍套　身扮它
是觀眾　評判它
是同類　愛護它？
舞台上　人演戲
裝卸下　戲演人
表忠孝　節義扮
角色配　各千秋
孰願做　無情人
爭相爲　仁德君
幼枝條　曲直易。
老樹幹　圖變難。
家人過　暴揚非
藉寓諷　悟警解

教子弟　以孝悌
爲家長　以公明
身爲子　知敬養
爲人父　知慈訓
時如梭　莫蹉跎
幼不學　老奈何
貴聖賢　賤昧恥
貧聞道　勝富吝
讀存疑　好問明
人務實　性耐久
平人怒　以謙恭
釋人疑　以不誇
外痴呆　內伶俐。
譏誚人　易惹災。
人謙卑　何致禍。

性不忍，難招福。
輕微虫，易毒身。
鄙小人，易沉舟。
萬頃山，星火燎。
句損言，折生福。
人失意，心体情。
身得意，當反思。
醜話前，後無爭。
初含糊，財無解。
惠施人，是小恩。
勸為善，是大德。
無人室，入人疑。
藏物處，去易嫌。
不瓜田，李下留。
佞當遠，不宜顯。

德可近，莫曲附。
虧人禍，利人福。
責人禍，易人反。
寒山問，拾得答。
不講理，橫霸道。
口講穢，言辱罵。
且由他，待日看。
讓由人，非有志。
不今人，是無量。
臨大節，則達生。
行大義，則鄙物。
利害遂，禍福依。
翁失馬，知非福。
患難心，處安樂。
貧賤心，居富貴。

悲苦心，想人我。
心反射，則安泰。
爭名利，審自己。
求權勢，問分量。
人強得，難消化。
退一步，反心安。
嗜濃時，立斬斷。
怒盛時，立按耐。
天地間，人禍福。
問世人，唯自招。
福享盡，易招禍。
權使盡，易怨生。
讀論孟，求聖賢。
研大學，知修身。
習中庸，懂明道。

究易經
古典書
詩誦吟，希補過。
書無用，化氣質。
讀有用，讀無識。
化性情，書有味。
勵胸懷，益思維。
閒書看，啓妙境。
歲月短，養神體。
宜靜默，宜從容。
宜謹嚴，宜儉約。
此四則，切己箴：
忌多慾，忌妄動。
忌妄馳，忌旁騖。
此四則，切己病。

忿火過，不燎身。
慾水止，不滔天。
屈辱中，以彰譽。
隱忍中，以養德。
品勝我，以常近。
愧恥增：福薄我。
以審己，怨尤泯。
污垢穢，要納得。
愚醜劣，要容得。
世妙門，在一理。
事紛雜，在一忍。
富貴家，不從寬。
必奇禍，聰明子。
不肯厚，必天年。
目前福，積之祖。

享知惜：未來福。
貽之子，不培無。
貪招辱，儉守節。
干犯義，儉全廉。
侵犯怨，儉養心。
肆逐欲，儉安性。
有好兒，勝田多。
金遺子，未必守。
書遺喬，未必讀。
積陰德，福勝我。
不如人，因知足。
不如我，有衣食。
道心中，有道心。
衣食中，無道心。
足不辱，飯兩粥。

謝天地，平安福。
要長壽，積陰功。
眉無皺，色寇仇。
風寒無，物命惜。
人三間：門心淡間。
官三間：忍不苦。
儉不苦，勤不苦。
心神靜，勤力動。
胸懷開，筋骨硬。
脊樑直，腸胃淨。
舌端捲，腳跟定。
耳目清，精魂正。
知明守，人得命。
處世法，以忠厚。

傳家寶，以勤儉。
理事訣，以寬平。
持身方，以嚴屬。
魯曾參，道獨傳：
其資性，不足限。
貧顏回，樂不易。
其境遇，不足困。
靜修身，儉養德。
淡明志，靜致遠。
行明志，憐貧弱。
事孝瞞，天地眼。
心不污，白蓮花。
人公心，只一個。
人私心，千萬有。
公相見，一片明。

私對談，格格非：
世公理，只一個。
人私見，千萬有。
公相理，行一致。
私相談，各極端。
責己心，以責人。
恕己心，以恕人。
施孫百計，難勝千金驚。
子不教，不愛子。
子不學，尤不愛子。
教不嚴，不愛身。
子不學，尤不愛身。
學不勤，尤不愛。
養必教，教必嚴。
嚴必勤，勤必成。

人肯學：庶人子，
為公卿。人不學：
公卿子，為庶人。
一點慈，積德種：
福根苗，凡聖種。
一念容，無量器：
種福因，君子忍。
一念欺，神靈鑑。
一賄瞞，天地知。
一時逞，禍子孫。
一得非，良心愧。
秉心正，諸邪遠。
家友和，百福臨。
教子孫，學吃虧。
學恭遜，昌盛根。

言刻薄，討便宜。逆德行，愛撥弄。暗殃兆，禍臨身。

人大樂，無愧怍。心至誠，有經綸。萬善本，以誠得。萬惡基，以偽得。

誠待人，孰不感。善調養，怒中憤。宜提防，順口言。當留心，忙裏錢。

人愛惜，便刻酸。口若開，無福壽。以論非，集眾意。懷大智。

為廣益，足興邦。心大愚，妄自大。好慎用，足誤事。贈嘉言，誘向善。

抱賢德，化世規。處以得，人拱向。公以清，眾仰崇。非道財，以遠之。

過量酒，以避之。處擇鄰，慎選友。妒不心，莫疏遠。骨肉貧，不羨心。

他人富，人克己。人勤儉，以克己。善待人，以寬和。

常省非，念未咎。
福臨來，禍遠去。
人盛年，不重來。
身一日，難再還。
知及時，宜自勉。
年歲月，不待人。
當惜用，行始終。
知力行，分難功。
家力興，人勤健。
事勤得，不貧賤。
人有財，貴善用。
明理本，以讀書。
延壽本，以節欲。
遠害本，以慎行。
受益本，以虛心。

同一手：讚人口。
推人手，扶人手。
圖成事，挽灘舟。
拯敗事，馭馬崖。
快意事，處以淡。
失意事，治以忍。
得道本，以忘物。
修煩本，以物外。
苦心本，以看開。
健身本，以運動。
立業本，以誠厚。
裕後本，以積德。
不當使，少且費。
當用處，多不吝。
約己本，以周人。

陷人口，同一口：
寧扶手，莫陷口。
證善德，以慎正。
以援手，勵誠正。
世千般，貴仁義。
人萬事，尊倫常。
欲高品，聖賢心。
文雅風，持道德。
論修道，何貴賤。
心無愧，立天地。
講立德，何窮富。
莫悖理，秉良知。
人讀書，非識字。
不理通，多何用。
人從學，首尊師。

望為賢，志孔孟。
儒門義，聖賢教。
識人道，真詮釋。
為人子，做忠臣。
是天孝，正氣鍾。
鬼神護，世人崇。
經學典，命脈栽。
天道承，人命繫。
人德修，位聖列。
生中國，成人道。
做神仙，異邦無。
人常存，仁孝心。
則世上，不可為。
豈忍為，故善先。
心一起，邪淫念：

則生平，不可為。
豈難為，故惡首。
人貧賤，何以辱：
諫求人，則為辱。
身富貴，何以榮：
利濟世，則為榮。
捨不錢，難義士。
捨不命，難忠臣。
立身本，誠宜守。
接物要，恕生行。
人讀書，非資質。
能勤問，思所以。
義理通，貫有日：
人立身，非貧富。
能厚實，不苟且：

為鄉里，仰敬崇。
人身事，代他想。
設處地，始判為。
人守身，莫妄為。
不貼行，家門榮。
人善行，多贊助。
不惡妒，造口業。
人有誤，見提醒。
為長友，待人道。
人譽言，知人勉。
為修己，去驕妄。
人謗語，知警惕。
為立身，去省非。
人勤讀，知樂趣。
為益智，去滿心。

人存善，智仁發。

人邀名，去妄想。

守嚴肅，近驕矜。

人正氣，捨乖謬。

處謙虛，近諛媚。

人貴尊，不己辱。

日修身，在意識。

人日行，道德門：

時化世，聖心訓。

人讀書，身不賤。

力耕田，腹不饑。

人積德，体不傾。

知擇交，行難敗。

人喜聞，他之過。

　

人若省，自之非：

何不樂，己之善：

人不言，人之美。

心自揚，非之財。

人口然，苦愁少。

身何言，不輕妄。

人肚腹，惹禍災。

身自無，不飽脹。

人不起，病邪念。

世何得，心愁生。

人工作，忙無閒。

偷一時，体充電。

江山得，萬般有：

悄問君，身健否？

覺有恙，放一切。
攀高山，傲雲嘯。
觀天地，景萬象。
心情何？看洒脱。
學聖賢，強不息。
下手處，克己入。
收本心，首著手。
盡本分，一等先。
富本施，難為德。
窮妄求，行為德。
貴肯低，品難德。
賤勢劫，諸惡根。
見人非，萬善門。
看己咎，作益事。
人移費。

則善舉，功無量。
人移信，邪教心。
仰若移，則道明：
人聖賢，莫道立。
好仁義，為父母。
兒女孝，無價寶。
轉眼時，護身符。
人之勤，自言少。
人之慎，語言多。
不矜才，自責非。
不使氣，得心安。
不遷怒，竟垮身。
不貳過，擊垮非。
殘酷事。
椎心泣。

華壓傷，折不斷。
燈火弱，亮不滅。
勇踏上，人生路。
風暴遠，光明現。
遇橫禍，遭奇冤。
路受阻，不輕短。
命無價，天賦予。
縱屈生，莫尋死：
人一世，千萬年，
只一次，當惜身：
除非是，爲殉道，
彰仁義，去捨身。
否別傻，勇敢活。
哀陰陽，陰陽離難：
難無陰，陰陽失非：

非同志？
是同志？
何同志？
志同戀？
志同合？
女情人？
男不嫁？
女不娶？
黃帝問？
人傳承？
道統緒？
華夏人？
耀門庭？
外邦人？
中國人？

志同是？
志心何？
志心志？
戀同志？
合同女？
人同男？
嫁非女？
娶非炎？
問生負？
承天道？
緒中華？
人榮耀？
庭斥外？
人非中？
人難苟？

苟是人，人守正。正常人，人道生。生中國，國昧外。外國身，身非道。道人人，人懷德。德人家，家族興。興因婚，婚娶女。女嫁男，男配女。女男配，配合天。天人道，道守正。正常人，人非女。女女合，合悖情。情男男，男何男？男女配，配乾坤。坤竊名，名自由。

由不知？知達理？理若合，合男女。女合男，男女安。安生子，子爲承。承傳道，道千秋。勸人善，善勿過。思堪受，受教嚴。勿太高，高可從：誠不驕，形於外。泰於中，聖於中。潤其身，威不猛。朝夕惕，妄動乖。君子心，所常体：非人情，是天理。君子口，君子身：

所常用，非人倫。

是世教，所常教。

非規矩，是常行。

大丈夫，爲準繩。

去造福，非求福。

崇儉樸，教耕讀。

積陰德，造福也：

廣田地，結姻緣。

鸞功名，求福援：

人飽讀，未成就。

志氣高，品性雅：

人修德，不獲功。

甜夢穩，心自安：

心命好，富貴得。

命不好，心倒好。

乾坤保：命很好：

心不好：命折天：

人不命，途折天。

貧心多：俱不折好。

命煩多：修不好命。

存之源：在人德本。

惜人道：心恕之德。

窮人道：人信矯命。

不道修：陰陽矯命。

人修心：不聽命。

天造物：終有報。

福之基：在人善。

禍之兆：在人惡。

陰德功：守忠孝。

富貴因：禍福名。

拯困急，勝作齋。
大天地，有宏恩：
天日月，無私照：
上天有，好生德：
大天有，普育德：
世人有，慈仁德。
恩天地，人得壽。
否天行，命歹夭。
子孫福，祖宗壽。
彼逆心，致榮耀。
一般情，何計較。
不欺騙，休奸狡。
心害人，鬼暗笑。
命五分，心十分。
心命好，終身寶：

算卜卦，多此舉。
心放正，命自美。
物堅凝，經寒暑。
人歷辛，始自練。
世路崎，省諳事。
心反覆，謹行退。
保身訣，以安祥。
處世方，以德厚。
富貴家，以仁寬。
聰智人，絕不作。
損人事，萬莫有。
害人心，不反得。
吃了虧，不反污。
受了辱，天不佑。
逞強人，天不佑。

忍一時，福臨身。

無稽口，撥弄非。

空谷風，不因起。

謠言發，巷里傳。

小道風，滿天飛。

有心息，惡行生。

無法人，將行生。

不己天，形譴懲。

不己長，忌人短。

不可拙，他人能。

以博取，己之善。

不可役，世人理：

以護求，己之怨。

天理彰，報不爽。

善惡事，果甜苦。

恩怨生，人世情。

不可種，難言恨。

縱己慾，惡言甚。

揚人非，禍莫言。

事易敗，但難滋生。

勿任氣，境多逆。

但少順，總隨緣。

勤儉守：成好漢。

体面講，敗能人。

未老享，既老人。

難到老，未貴享。

既貴榮，不貴得。

人做人，無薄心。

是福氣：身做事。

有結果：是壽徵。

人心氣，保和平。
令仇家，忘其怨。
人性情，形乖戾。
令骨肉，不敢近。
外邦人，心不懂。
何做人？華文化，
不同夷，講修身：
論孝道，守仁義：
本恕德，行爲正。
抱中庸，力濟世。
好便宜，怕與共財。
性狐疑，難與謀。
謀遠圖，未就功。
不如守，已成業。
心常悔，既往失。

不如防，將來非。
若事到，心可放；
當再慎。如話到，
口當出，三思好。
青少年，血氣剛。
不宜收斂性，莫思豪放：
年精壯，得歷練：
策謀劃，智慮明。
爲家國，創事業。
老年情，鬥不懈。
活力夠，性暢達。
人如是，心童稚：
人處世，反齡輕。
人崇德，以修己：

人敦品，以立志。

人純正，以清高。

人慈愛，以恕仁。

人勤儉，以勉效。

人莊敬，以自強。

人肩遠，以任重。

人將行，以實踐。

人如此，以進道。

人相處，處本誠。

尊重人，人尊重。

對人好，好人對。

己所欲，始施人。

任其勞，任其怨。

任其難，任其害。

人相處，處得人。

人道立，以正心：

以修身，以律己。

以容人，以揚善。

爲處時，立身本。

人達世，立天下。

爲己任，治化民：

公無私，仁愛物。

人微時，以安貧。

以俟命，以反省。

不怨天，不尤人。

友遊時，學人優。

身受益，益傳他。

寬一分，厚反利。

讓一步，退反進。

事有功，不獨居。

111

分與人　為恕道：
事有過　不推諉
分留己　算良心。
人修己　以清心。
人涉世　以慎行：
省己非　清心丹。
想人是　順氣丸。
人處世　依常理
人辦事　依常規
人為人　依常情
人居家　依常倫
人做人　依常道
人正人　依常德：
人說話　不說絕
人做事　不做絕

人走路　不走絕。
人處世　不狠心。
不妄念　以守心
不狂言　以存誠
不欺己　以損人
不欺天　以慎獨
不愧地　以感恩
不愧親　以孝養
不愧妻　以宜家
不愧人　以做人
不愧心　以處事
不負國　以益民
不負學　以用世
人不可　以己意
悉人情　以處人：

事不可，以己見。
事貴乎，以明理：
處貴乎，以處事：
縱己欲，以惡首。
言恕非，以禍滋。
性暴怒，傷人己。
守恕德，容我他。
性噪急，生荊棘。
人忍耐，事反順。
待人寬，非子孫。
禮宜厚，非嫁娶。
人處事，讓三分。
海闊空，天地寬。
濟人厄，甘春雨。

刺心語，毒陰冰。
言傷和，莫妄發。
語折福，莫妄出。
持身道，不敢苟。
取不道，處不恕。
人一苟，不敢恕。
謂之念，謂之語：
不敢苟，不敢取。
人一介，謂之直：
謂之廉，為賢聖。
事從容，有餘味。
人世容，有餘年。
涉世人，難喜怒。
身肝膽，不人窺。
涉世物，重憎愛。

意氣情，易物制。
性情人，是率性。
心坦白，無隱瞞。
沉不語，莫輸心。
倖逞徒，須防口。
處貧厄，不累人。
累失義，處富貴。
助人念，否害仁。
處名利，退安穩。
進圖利，則害仁。
人談笑，己色莊。
眾悲戚，自神怡。
此乖戾，人己失。
我富貴，不可驕。
人富貴，不可羨。

自貧賤，不可屈。
人貧賤，不可欺。
世上事，認得人。
能認人，事皆理。
不知人，事無成。
人知善，雖寒士。
敬為德，人為惡。
縱位極，世不恥。
言其言，謂多言。
多非言，謂不當言。
言招尤，謂盲言：
言賈禍，言之戒。
人巧詞，誠以接。
人屬詞，婉以答。
人譴詞，默以待。

人戲詞，笑以去。

善爲寶，用不盡。

心作田，耕有餘。

人行善，如園草，

不見長，日有增。

人行惡，猶刀石，

不見消，日有損。

知前因，今受是。

來世果，今作是。

容橫逆，增器量：

善惡報，遲早來：

行時時之方便：

作種種之陰功。

心宜存，方寸土。

當留待，子孫耕。

不心善，卜何益。

不孝親，拜何益。

不和昆，友何益。

不積德，貴何益。

行止歪，讀何益。

妄取財，施何益。

日言善，不如作。

身行善，莫誤漏。

日行善，善相繼。

久性圓，坦無阻。

凡起念，或發心。

言行事，有益他。

人我益，有益行。

則感通，多勝少。

大天地，本無私。

上諸佛，絕有靈。
不行善，禱何益。
結善緣，讀說好。
做好人，行好事。
凶化吉，禍轉福。
事利人，行為公。
不成私，則無惡。
得善報，賞善助。
聰明是，反被誤。
否難聰，陰騭善。
時存想，作被誤：
以無形，化有形。
無形何？摸看難：
冥冥中，神靈在。
因果報，屢彰顯。

未來福，世人望：
但忽視，致福道。
享祖福，不惜福。
昧種福，福盡苦。
命自種，從心造。
心自生，善生福。
自求善，善難盡：
致禍福，福盡福。
行善福，福根正。
惡則惡，禍善則邪：
轉非禍，自福尋。
一張口，德工廠。
見人善，言贊成。
看人惡，言諫止。
人爭訟，言功和。

人冤抑，言辯明：
不陰私，不闡揚。
植陰功，種德地。
諸善行，惡莫作。
人人知，皆淨土。
上天堂，決一心。
出自覺，造淨土。
不錢買，何不為。
日行善，功德宏。
人急難，施時雨。
善無求，是眞善。
善有得，是欺善。
發內心，為眞善。
作人看，為偽善。
行眞善，天必報：

施假善，善不善：
積德善，非人情。
不媚善，遠虛偽。
掩耳目，發之心。
只濟世，為利人。
善人知，是陽善。
不人知，是陰德。
為陽善，享世名。
譽福善，非陰德。
人行善，不得失。
果益眾，遠非暫。
積善家，必有餘慶。
不善家，必有餘殃。
古周易，千秋警。
心非善，念莫起。

言非善，萬莫吐。
行非善，切莫動。
伍非善，形莫近。
地非善，身莫蹈。
事非善，人莫為。
扶人危，周人急。
不自誇，則益善。
善氣迎，親如親。
惡氣迎，害如戈。
勿以善，微不為。
勿以惡，小去做。
悖心義，萬莫行。
虧心事，千莫作。
傷天理，萬莫施。
損人事，千莫想。

誠一笑，泯恩仇。
陌生見，得融和。
世人類，族相處。
語人通，惟以笑。
使不通，神鬼懲。
陰暗人，天必譴。
積善猶，燈加油。
積惡如，火銷膏。
帽帶斜，易拉正。
人性邪，難糾梁。
人良事，無好果。
拍郎心，螳螂現。
劇名改，螂心片。
電影戲，彰顯靈。

老轉少，有何難。
心態變，認知醒。
放洒脫，角不鑽。
去登山，常運動。
讀善書，潤心靈。
養樂趣，少煩惱。
尋書法，藝文研。
練習切，忌亂想。
忘遺憾，速懺悔。
有無垢，唸聖號。
心無伴，莫計較。
身獨室，是享受。
性寂靜，合天人。
吃素齋，斷因果。

天運化，降天道：
先天道，去歸宗。
百年時，仙佛迎。
西天門，爲君開。
蔣公慈，簽准辦：
天皇中，蔣君開：
設宗教，化眾生：
天眞祖，辦明師：
白陽期，人人收圓：
有緣人，人好做。
做善人，人返天。
人年齡，該淡忘。
歲月齡，隨他去。
思想齡，迎潮流。
生理齡，壯健牛。

心理齡　生命齡　塵世齡
熟不老　老友老　得經驗
無保留　往日憶　無益事
找娛樂　坐息定　心氣和
戒煙酒　蔬果菜　喝牛乳

何用愁　老無憂　客度樂
既年老　該老成。應傳承
種德宏：速埋葬　想後悔
忘昔切　生活儉　体標準
八分飽　沾葷非　飲豆漿

忌偏食　人高齡　表群倫
人中年　正午天　人少壯
日奔勞　人幼童　力勤讀
人大量　人若想　不可不
心如想　不可不

常得壽。泰山巍　老益壯
進德業　任道遠　猛著鞭
爲明天　惜寸陰　學讀人。
隨量進　由識長。厚其德
器其量：弘其度：大其識：

德量識，人俱有。

創立業，業展獻。

上青天白日，節義人自暗室屋漏內培養出；旋乾轉坤地，經綸才自臨深履簿處操練得：

欲防貪，以知足。

欲治躁，以從容。

欲醫妄，以忘情。

欲不思，以參玄。

欲去慾，以獨寐。

欲除煩，以洒脫。

欲無俗，以飄逸。

欲遠暴，以平氣。

欲淨鄙，以立德。

欲退傲，以謙抑。

欲求智，以讀書。

欲從公，以守廉。

欲長壽，以寡慾。

欲得年，以清心。

欲養身，以簡事。

欲鶴齡，以捐為。

寡慾極，至無慾。

清心極，至無心。

簡事極，至無事。

捐為極，至無為。

父子親，因父慈。

得子孝：兄弟愛：
因兄友：得弟恭：
君臣義：得君敬：
得臣忠：因君敬：
因夫唱：得婦隨：
朋友信：因朋誠：
得友實：……五倫倡。
守心平：以處世。
守仁義：以修身。
守孝養：以報恩。
守謙讓：以和睦。
守忍退：以無喧。
守忠言：以逆耳。
守苦藥：以醫疾。
守知誤：以智慧。

守成道，以善行。
守寬恕，以菩提。
守無心，以修空。
人積德，不在錢。
身貧士，結善緣。
本正大，行善事。
鬼神敬，美心田。
念善惡，上天知。
施仁厚，要把持。
得富貴，非因天。
貧儉勤，出頭天。
世上寶，是善門。
莫外求，在心頭。
心怎為，循天理。
人負心，必譴彰。

知補過，挽拯人。
陰功非，尋常藥。
力多行，治百病。
德不爲，身殊速。
俟有餘，濟無日。
等有錢，富難施。
若有聞，書讀非：
慎獨心，道何得。
克己功，暗室明。
得人功，妄念非。
行善功，誠言守。
濟世功，施愛心。
養性功，參倡仁。
得道功，靜不擾。
無心修。

施德功，成佛階。
同根生，莫相煎。
同道學，莫相忌。
同業營，莫相損。
同事共，莫相傾。
守此德，天必助。
懷邪心，神譴惡。
人無功，不受祿。
人無德，不立業。
人無孝，不做人。
人無道，不成身。
人本愛臉，臉笑迎。
人本愛眼，眼溫柔。
人本愛嘴，嘴勤動。
人本愛手，手慷慨。

人本愛，腳義行。
人本愛，心不寂。
人本愛，身難懶。
人本愛，耳聽遠。
人本愛，鼻聞香。
人本愛，口吐蓮。
人本愛，体多勞。
人本愛，光明照。
人本愛，化彼此。
人本愛，大地春。
人本愛，四季暖。
人本愛，人類和。
人本愛，早大同。
自己活，珍惜命。
爲人活，謀眾益。

天賦生，萬莫輕。
身爲人，千載修。
日精神，有兩種。
日物質，愈追求。
其物質，愈精神。
越痛苦，會向精神追求。
知滿足：則心安。
性理得，則快樂。
人在世，天地參。
頂天地，萬物靈。
大德生，難人身。
身爲人，莫枉世。
儒行仁，其起點。
從愛發，近及遠。
親及疏：行仁法。

恕
入門：己不欲，勿施人。
行仁外，內仁的。
修己人，及群倫：
行聖仁，首正名。
依行序，禮由生。
相因勉。
名父母，愛爲慈。
名子女，孝養知。
名兄姊，義爲友。
名弟妹，恭敬首。
名爲夫，剛爲和。
名爲妻，柔爲德。
名爲友，互勉進。
名國民，誠爲信。
名官吏，節爲忠。

名師長，傳授業。
外之名，含有義。
照義行，無不利。
義當行，脅不懼。
行　義，誘利不。
俯不怍，仰不愧。
抱至剛，塞兩間。
浩正氣，集義生。
義行缺，完　難。
行道義，修身本。
齊家國，條不紊。
家國治，世太平。
前述義，行以禮。
禮表現，日生活。
生活人，人守道。

125

道本德，德化人。
人道德，德大同。
問祖宗？何德澤：
身享是，當念難：
問子孫？何福祉：
身貼是，以傾易：
當修身，以遺裔。
立行善，難畫骨。
畫虎皮，豈揣摩。
心好歹，難揣測。
花葉背，猶藏刺。
肉內心，實難藏。
損人念，萬莫有。
防人心，不可無。
凡是人，有仁心。

對他好，他非歹。
歹他好，皆好人。
友心仁，火不發。
指偶錯，糾行非：
自出誤，不責人：
縱反省，難無過。
處聖賢，守無助。
救近火，難望水。
村舍內，立門戶。
自警覺，防歹入。
育兒女，護安全。
刀劍藏，水火戒。
身外出，鎖不反。
孩屋內，萬一災。
為家長，多檢慮。

課誦讀，莫急忽。
時督教，日有功。
幼管嚴，大難邪。
玉經琢，器始美。
木成材，得匠斧。
否成舟，看父母。
男女交，結終身。
談得來，論嫁娶。
性情投，得美滿。
同甘苦，共患難。
守活潑，以浪漫。
本感性，以理性。
途此離，傷兒女。
莫現實，莫忍耐。
相扶持，偕白首。

日東亮，立起床。
洗漱畢，淨門庭。
日沐浴，時理髮。
常運動，剪指甲。
作息準，慾有節。
立人前，莫剔牙。
不呵欠，噴嚏掩。
出未歸，知家人。
窮勤儉，得富仁。
不舉債，遠欠情。
和親友，惜用物。
身端正，不刻薄。
莫牢騷，養心性。
人有危，主動援。
往來禮，欠虧情。

立塵世，懂做人。
形喜怒，守哀樂。
知中節，視聽言，
動合禮，行不悖。
守義命，安心性，
事責己，量恕人，
心氣和，不憤激，
耐貧賤，不酸語，
忍炎涼，不刺反，
耐是非，不辯解，
忍煩情，不苦談，
耐委屈，不申訴，
人若此，天地寬，
敬恕勤，處何境，
苟守行，無不得。

小有才，固然有；
君子道，未必聞。
才無德，逞一時；
識其德，人可鄙。
念無妄，理可得。
志沉潛，事可為；
人奮發，以成禍；
人反省，以得福。
輕悔過，施君子：
自薄態，施小人：
自殺身，心惕戒：
不自重，人取辱。
不醒畏，身招禍。
靜勝動，默勝言。
藏勝頭，捨勝取。

忘勝記，拙勝巧。
失勝得，退勝進。
事見言，物善舉。
人交德，念義善。
仁不暴，義不詐。
正不邪，信不敬。
人避強，莫如順。
人處窮，無如勤。
人居富，不如仁。
少年人，有難見。
以老成，老成人。
無輕佻：以少年。
孝悌本，忠信主。
廉恥先，誠實要。

為處世，缺難人。
淨無煩，以養性。
心清明，以養神。
念沉一，以養慮。
胸湛警，以養識。
秉剛大，以養志。
神凝重，以養氣。
處果斷，以養才。
德寬容，以養量。
承橫逆，以養器。
性嚴稜，以養操。
虛養心，德養身。
仁養物，道養体。
昔我昔，勝君昔。
今君今，勝我今。

時運命，無怨尤
趨前賀，表風度：
因今我，不志前：
人精進，自認滿
人有成，心何忌
該奮力，共勉功。
領風騷，憑德才
人榮華，各異代
爾何用，苦追尋。
事大錯，得小悟。
理小挫，得大悟。
人心胸，多慾窄
寡慾寬，人心境：
多慾忙，寡慾閒
人心術，多慾險：

寡慾平：人心事
多慾苦：寡慾樂
欲得世，達貴人
天主張，非貴人：
要做今，聖是我
我主張，非由天。
護体面，先廉恥
非醫藥，首養身：
去黨羽，莫信義：
作威福，不若教
正心術，樂名功
教義方，心志功。
多靜坐，以攝心
寡酒色，以清心
去嗜慾，以養心。

讀善書，以警心。
悟至理，以明心。
心妄念，身妄動。
口妄言，難存誠。
内欺己，外欺人。
上欺天，豈欺人。
不慎獨，難爲人。
慎獨守，不欺世。
善書何，諸聖佛。
應天命？莊蓬萊。
著度人，淨化心。
生寶島，何榮幸。
爲世人，點明燈。
揚孔儒，普寰宇。
人心術，以明實。

人容貌，以老成。
人言語，以簡切。
人行爲，以義動。
損身心，身莫爲。
損身事，行莫近。
無益人，身莫用。
無益地，身莫入。
貴人前，莫言賤。
彼謂我，求其賤：
富人前，莫言貧。
彼謂我，求其貧：
世小人，望受惠。
受轍忘，世君子：
拒受恩，受必報。

131

經挫折 容橫逆 省經營 學退讓 增享受 深体貼 人取辱 人招禍 人受益 人博聞 四海福 牽惹勞 度量猶 應接猶 操守猶

長見解 增器度 多道義 討便宜 減福澤 知物情。 因不檢 因不省 因不滿 因不足 因隨緣 因多管。 海眷育 流水雲 青天日

威儀猶 言語猶 持身猶 襟抱猶 氣概猶 儘後看 向前行 培育兒 保恆產 好人事 悦心行 兄妹情 時來往 公益心 濟貧困

丹鳳雲 敲金石 潔水清 光風月 獄泰山 地步窄 眼界寬 高等學 生安定 世崇敬 樂善施 手足愛 互協援。 慈善事。 忘難德。

有主宰，易成功。
有職業，人敬重。
身爲婦，善理家。
量收支，得有餘。
相夫業，育兒女。
學不輟，習技藝。
和鄰舍，睦親情。
守女德，夢無驚。
莫閒事，多惹非。
深山茶，宜常飲。
花街酒，免去嚐。
有德士，須就近。
無情友，早謝郤。
富莫誇，貧難久。
人給氣，萬莫氣。

門戶衰，患無志。
有恆產，患不守。
有子孫，患不才。
何有炫，味自品。
私外言，非美德。
閨房情，是生活。
不報怨，心安得。
多積德，行善事。
塵間事，執可免。
生死別，人喜哀。
心客觀，自然悟。
入出世，不惘迷。
台上下，何認眞。
人演戲，戲演人。
氣出病，無人替。

133

夫婦處　要真誠。
先生力　惜不逮。
丈夫志　大矣哉。
天倫情　多珍惜。
謙讓尊　樂洋洋。
處同心　土變金。
為兄弟　不相煎。
手足情　生同根。
為悖逆　罪天譴。
人兒女　知孝親。
生育情　循環理。
父母恩　似海深。
家和守　難不旺。
勤儉守　何不興。
交友雜　患不善。

食衣足　貧困念。
心順遂　拂逆想。
業顯達　落寞感。
非孰定　聖賢訓。
禍福得　問自己。
為女守　家必興。
防口傳　不傷鄰。
姑嫂和　醜不揚。
婦人和　撥弄非。
中佊離　人生憾。
相敬賓　偕老扶。
前世緣　多珍惜。
同甘苦　好度日。
倆和氣　少禍端。
剛柔濟　兩相安。

學博優，淺陋謙。
人常思，祖宗德。
心常念，有無愆。
報時念，積身德。
濟國恩，抹己邪。
日知非，時改過。
德不修，枉立業。
不因循，立竿影。
因聰明，誤一生。
有兒女，疏嚴教。
拚錢賺，望長大。
不關懷，無溫暖。
心聲遠，忘溝通。
自善性，失培育。
勵志言，昧明守。

為父母，戒之道。
為父慈，為子孝。
和氣敬，為兄友。
為弟恭，化氣方。
妯娌和，消毒湯。
家賢妻，順氣散。
益友得，大補片。
好爭訟，鬥氣丸。
喜裝闊，自尋窮。
不積蓄，永難富。
不勤儉，永遠窮。
國有法，家有規。
人持身，當知守。
破布衣，無價寶。
硬床舖，養身好。

身高樓，心愁非，
處陋室，樂無憂。
為偉業，人德賢，
健康体，心胸寬。
得長生，無聖藥，
味澄淡，常登山：
晨碗粥，飯莫飽，
減色慾，手摩腹，
飲少酒，不怒有，
身撞壁，叩齒多，
醉飽寒，遠行房，
臥莫風，禽獸魚，
莫要食，斷因果，
在世修，不輪迴。
不得失，長壽藥

口常開，郤病方，
無煩苦，身心安，
三空守，無怒容，
笑開懷，心泰然，
忮不求，持原則，
仁義行，天下去，
身鹵莽，寸步難。
人幸福，看不著，
人快樂，摸不到。
身健康，人平安，
心感受，可獲得，
人看人，人幸福。
反看己，不慕有。
不急躁，寧靜遠。

136

不動怒莊敬強，
不厭抑野發洩，
不幻想安貧道。
多懲忿少房慾，
多運動少食飽，
營養夠休睡好。
無煩苦身心安。
爬山峰身抖倒，
塵抖落莫回頭。
除妄念以養心。
寡言語以養肺，
淡色慾以養腎，
絕躁怒以養肝，
節飲食以養胃，
喜運動以養体。

戒煙酒戒色怒，
戒飽呑戒沮喪，
戒貪詐戒刻酸，
戒損來戒零食。
聖如味醫心方。
明目清大補劑，
醒世全進德用：
陰驚一孝順十，
信仰一安分三，
誠實一惠廣佈，
忠直一道理十，
好心一仁義爲，
言愼十溫柔五，
和氣一仔細三，
公道十方便捨。

新三字經

好腸一，忍耐百，
方用心，細碾末，
波密丸，百零八：
抑或用，包容八，
不焦爐，去火性，
三思本，細炒鍋，
慈心湯，飲莫服，
兩面刀，暗中箭，
是非撥，方出在：
化人府，功德縣：
四維鄉，五常村：
治一切，人男女，
作不忠，行不孝，
心不仁，爲不義。

悖天地，褻瀆神，
昧心己，害群眾，
唆詞訟，損群人，
兇暴欺，奸妒邪，
症依方，無不驗：
欲爲人，不可少，
少難人，人非人，
人忠孝，恕愛行：
守正氣，立天地，
地上人，人鬼欽，
瓊漿液，價難買，
人常服，壽得仙：
良心現，天理有，
道德俱，人聖賢，
否地獄，悔不晚。

莫無稽，空談非。
果報身，痛恨遲。
色妖麗，易虛損。
浪聲語，易荒淫。
性玩物，易喪志。
喜獵屢，易鄙生。
莫信邪，異誑誘。
迷不悟，惑亂心。
秉正氣，避邪魔。
守正義，鬼神護。
人久賭，神仙輸。
身勤儉，不受貧。
兒不嫌，父母醜。
犬不嫌，家主貧。
人隔行，猶隔山。

人欲業，虛心得辱。
是君子，面不辱。
是仁德，惡不念。
是鄰居，牆不高。
是親友，遠來香。
是同學，互切磋。
是同行，互協力。
是難友，共安樂。
是伙伴，共扶持。
是團體，共維護。
是企業，共策興。
人忍嘴，不欠債。
人欺妻，一世貧。
深高山，出駿馬。
身家敗，奴欺主。

人正道，不巧言。
人得理，不聲高。
酒穿腸，色刮骨。
財惹禍，氣傷身。
是非人，莫暗損。
惹是非，難逃口。
二人智，勝一己。
山二虎，世難容。
心難測，水難量。
心不足，蛇吞象。
人何處，不相逢。
想開店，笑臉迎。
心頭願，金難買。
福少年，受罪徵。
身有道，道潤人。

人本正，正做德人。
德業興，興以工。
眼化人，人勤吃。
自前虧，智不腳。
少搬石，是砸人。
心離鄉，金強購。
棹頭願，種難人。
窩飯想，雄不食。
回裏飯，馬不吃。
落頭草，蜂不採。
錢難買，背後好。
沙灘龍，上天日。
笑臉人，手難打。
兒遊外，母擔心。

（直行排列，自右至左，每則上三字、下三字）

第一組

強將馭，無弱兵
強中有，強中手
過街鼠，人喊打
地頭蛇，惡難鬥
家務事，官難斷
燈無油，點不亮
朝有人，好做官
三寶殿，無事不（登）
情人眼，出西施
江心船，補漏遲
到那山，沒柴燒
這山望，那山高
上不知，下人苦
守大樹，有柴燒
路人開，後人行

第二組

世事棋，局局新
人情紙，張張簿
牆有壁，壁有耳
活到老，學到老
若人精，人前聽
親兄弟，明算帳
不怕慢，只怕站
人比人，氣死人
好漢昧，餓漢饑
繡花枕，一肚草
人世皮，愁隔老
話到口，留半句
隔肚皮，猶隔山
路頭哭，傷心透
蛾撲火，自焚身

人求我，三春雨。
我求人，六月霜。
人逢喜，精神爽。
月中秋，分外明。
十年東，轉河西。
窮破衣，富莫笑。
富不仁，瞬窮臨。
虧心事，日不作。
夜敲門，人不驚。
白頭翁，少莫笑。
花開無，幾日紅。
天不生，無用人。
地不長，無根草。
不我語，同他語。
人他心，非我心。

是非因，多開口。
事求全，無可樂。
非看破，心不閑。
習藝多，藝不精。
藝專一，易成名。
駿馬馱，痴漢走。
巧婦伴，拙夫眠。
良言出，三冬暖。
惡語吐，六月霜。
君子心，公而恕。
小人心，私而刻。
君子友，淡如水。
小人友，甜如蜜。
秀才餓，不賣書。
壯士窮，不售劍。

若非經寒徹骨
焉得梅撲鼻香

酒逢己千杯少
話不投半句多

三春鳥君莫打
子在巢盼母歸

雪中炭多子送
錦上花湯鍋近

籠雞食　（有食）
鶴無糧天地寬

業精勤荒於嬉
行成思毀於隨

萬丈樓從地起
雄何論出身低

宴不難請客難

—

愁莫向愁人說
說向人人愁煞

興家似針挑土
敗家似水推舟

重金玉重重貴
望兒孫個個賢

將軍頭堪走馬
宰相肚好撐船

善惡到終有報
只爭是早與遲

黃河濁澄清日
人豈無得運時

常將有思無日
莫把無當有時

良藥苦利於病

忠言逆　利於行
事功人　休瞞昧
頭三尺　有神明
念念有　臨敵日
心常似　過橋時
一口井　千人飲
一人惡　萬人殃
一成道　九祖升
一貴賤　交情見
人傷心　樹剝皮
人爲財　鳥爲食
人靠心　樹靠根
人望高　水流低
人躁禍　天躁雨
千人指　無病死

千軍易　將難求
難不死　有後福
人同心　土變金
小孔補　大孔無
汗不出　飯難吃
日防火　夜防賊
日有思　夜有夢
瓜無圓　人難全
立放債　跪討還
山易改　性難移
幼吃苦　樂萬年
老吃苦　日不樂
好借還　再無難
人交心　樹澆根
吃一口　報十年

勝一個諸葛亮
人三個臭皮匠
吐言語口無味
人三日不讀書
人不在人情開
人若少好情在
人口多好過年
酒肉多柴種田
兩朋友有一妻
兩相爭結親眷
前人樹後人涼
放屠刀立地佛
民怨多傷國魂
腳足寒傷人心

遠難招鳳凰棲
家沒有梧桐樹
是好狗莫咬難
是好漢不打妻
人壞行傳言德
人好事察千里
客進門看臉色
人出門三天氣
人罵人三日羞
人打人怕日憂
事無難今有心
來年筍在年種
當吃虧老人前
少不聽老人言
怕老窮非少苦

人吃得苦中苦
始可為人上人
寧屈死不告狀
寧餓死不作賊
是非人說是非
無是非傳是非
持家好起個早
出頭地書中求
早飛鳥有食吃
晚起人無錢賺
人倚倒都是假
身跌倒自己爬
人逢橋須下馬
身渡河莫爭船
事若想人不知

人除非己莫為
身留得青山在
人不怕沒柴燒
家中飯給飢人
心中話說知人
友中交千人好
但莫結一人仇
人寧受少年勞
但不吃老來苦
世將相本無種
是男兒當自強
人是非終日有
耳不聽自然無
不壓抑野發洩
不幻想安貧道

多積德　行善事
不報怨　心安得
有地利　難地得
得天和　莫人利
士爲知　己者死
女爲悅　己者容
天難測　時風雨
人卻有　日禍福
人積善　以成德
行積惡　以滅身
人行善　得壽考
事行惡　身早亡
是君子　守明德
是達人　當知命
一毫惡　萬莫作

一絲善　行方便
人在世　行善惡
天在上　察分明
守聖賢　言行作
身兩間　神鬼欽
行得正　心光明
心本德　命能改
無心失　執能無
有心錯　行立悔
做好人　結好友
讀好書　做好事
有好心　得好果
存好念　說好話
聽人音　測知情
看人講　察面色

147

見證人，惹禍大。
仗義行，有何怕。
人罵我，我忍耐。
人辱我，反失福。
幼養教，怕風吹。
身長大，負親恩。
為撫育，千辛苦。
體父母，變仇怨。
勉子女，搖頭嘆，
作何想？
時代易，無此德。
孔儒道，孝不變。
華文化，應運興。
濟憐貧，首孝言。
世首善。

急救人，必福報。
乞覓食，口乾渴。
日不得，一飽腹。
身敗子，羹滿桌。
竟食言，恨無味。
蜂蛾饑，螻蟻痛。
命求活，仁莫害。
有不是，罪先認。
人不責，錯說你。
人隱私，有是非。
萬莫傳，失德最。
人少年，傲心妄。
昧長誨，老知悔。
人言語，占八分。
性任你，心術險。

事難瞞，天眼察。
小人惡，有對頭。
君子善，無怨尤。
傷天理，世人辱。
守良心，無人咒。
當局迷，旁觀清。
聽賢諫，當採納。
聖賢書，要常讀。
縱科研，忘非人。
時代變，人不變。
上太空，人仍人。
要吃飯，智力幹。
當神仙，身心修。
爲人父，做人子。
教兒女，何以教？

教做人，人做好。
好立身，身家齊。
觀世情，以冷察。
觀人性，以冷悟。
觀世理，以冷得。
觀人心，以冷明。
世天心，本天心。
人人愿，天必從。
天有道，天必從。
人勤儉，人當知。
何悔今，當年錢。
吃飯憐。
一等人，一等事。
一等話，一等識。
一等善，一等德。

一等仁，一等聖：
聖回天，做神仙：
仙人修，德在人：
人本德，德化人：
人守道，道通天：
天地人，人至靈：
靈性得，合契靈：
合陰陽，陽契氕：
陰陽得，得萬物：
物命生，生契陰：
地德厚，厚載道：
道修好，修做人：
人做好，好近天：
天看人，人皆善：
善人心，心無惡。

惡盜屠，屠去悔：
悔罪人，人成佛：
天不言，地不語：
以無合，借有形：
天人人，合回化：
化世心，人毛天：
除淨靈，去濁病：
首性滿，次無身：
養德道，無則氣：
功人弟，返愛極：
做則仁，入格孝：
出親品，泛愛眾：
而學昌，力格心：
致天德，以處世：
順天昌，逆天亡。

（以下各則皆為直行，由右至左、由上而下誦讀）

人善惡，天必報。
天網恢，孰敢違。
世人行，明月在。
觀金鈎，何用愁。
有意栽，花不發。
無心柳，種成蔭。
畫無風，空作浪。
繡花好，不聞香。
秋滿山，多秀色。
春滿園，不花香。
反覆水，收實難。
物墜谷，難反得。
天上星，互拱托。
世無水，不河海。

江後浪，推前浪。
世新人，換舊人。
嗤白頭，轉眼到。
少白頭，何白頭。
枯木亡，猶再發。
人少年，無兩度。
山不怕，傷人虎。
畏人情，兩面刀。
龍淺水，遭蝦戲。
虎離山，被犬欺。
今鑑古，知明史。
今無古，何有今。
見人易，習人難。
莫畏難，肯學易。
人從儉，入奢易。

人自奢　反儉難
禮義周　因富貴
盜賊生　多貧賤
乍富昧　新受用
乍貧難　捨昔風
生死別　人間情
苦樂演　日難報
道吾好　是吾賊
道吾錯　是吾師
刀割体　傷易合
惡語射　痕難消
人寧守　正不足
心不可　邪有餘
田千頃　食一升
廈千間　眠七尺

量人短　非能手
先登頭　把自量
人回高　當自卑
身行遠　必自遁
螂撲蟬　雀自後
山藏虎　海在流
世人生　難滿百
心常懷　千歲憂
人身安　茅屋穩
心性定　菜根香
人在世　靜得性
世人情　淡始長
人看破　知滿足
不嘆已　不如人
反看人　不如我

安樂窩是神仙。
男長婚女大嫁
婚嫁前守身潔
擇一從莫蹺輳
人修得最福氣。
世茫茫時光速
何匆忙生碌碌
競短長論榮枯
得失量當看那
秋風涼夜烏江
阿房冷銅雀荒
榮華露富草霜
心醒悟萬慮忘
說什麼龍鳳閣
利鎖韁閒靜處

且詩吟哼心曲
歸未晚歌一聲
紅塵客時運非
命不濟山林隱
得性情約幾位
知密友敘心腸
野溪邊仰藍天
觀白雲悠悠飄
或琴棋抑談笑
論說些果報因
興亡史評花艷
聽鳥語弄笙簧
怎管他情反覆
世炎涼置身間
性優游歲月長

任瀟灑，渡時光。
樂陶然，然非捨，
捨始得，得放無，
人間事，事放無，
無限天，天地寬：
遇張三，呼李四，
看孩童，舊街頭戲，
新後生，誰肯信，
話中年，漸心知，
求百歲，人想，
問幾人？到遲齡。
人生要，心腸熱，
頭腦冷，眼光遠，
胸境寬，肩挑重。

背脊直，手勤動。
腳踏實，志節高，
欲望淡，力行守，
靈望年，是先天。
父母愛，精卵合，
陰陽炁，胎善生，
十月滿，戒之誘：
嬰褓裸，是後天，
懷褓托，搖藍走，
爸媽叫，翻滾走，
托幼幼教，戒之育：
幼少年，是春天，
望明月，有幻想，
教做人，奠學基，
貪玩性，戒之理：

少青年，是夏天，熱力足，昧事故，沒理智，易衝動：
行越法，戒之天。

青壯年，是秋天，創事業，身齊家，策計劃，拚身力幹：
成功願，戒之天。

壯老年，進守關，事得失，腦退化，体漸弱，戒之貪。
難力取，是性天：老衰年，戒之捨。
萬般緣，先天道：歸宗教。

塵遊客，得之返。
返何處？回聖極。
復原位？何門入？
西天門，戊寅開。
入怎修？做人道。
道守美，美返天。
何做人？知善惡。
懂是非？明正邪。
守倫常，行仁義：
為世範，好道德。
為家庭，好兒女。
為學校，好學生。
為社會，好榜樣。
為國家，好國民。
為地球，好公民。

苟犯錯，速悔悟。
牢鐵窗，出莫入。
放屠刀，立成佛。
天不赦，累過人。
孔子説：人非聖，
執能改，賢知錯，
錯立改，改聖勿，
犯遠身，千般情。
人婚姻，是苦澀，
是甜蜜，是獄房，
是怨結，是快樂，
是續紛，是幸福，
是船塢，得美果，
善經營，莫怨尤，
自品味。

前世修，結良緣，
同患難，共甘苦，
一條船，馳彼岸。
人立家，不容易，
有兒女，兩結晶，
善教養，培育才。
甘苦共，体貼扶，
在人前，往後看，
在人後，往前看，
人我後，自己前。
心有我，是智慧：
幸福何？身心美。
是健康，仁慈念，
是虔敬，信仰純，
是襟闊，心寧靜。

是知足不貪求。

是和諧天地人。

天簿福厚德迎。

天勞形逸心補。

天阨遇享道通。

不如此天耐何？

不責難人小過。

不揭發人陰私。

不口念人舊惡。

可養德尤遠害。

覺人詐不形言。

受人侮不動色。

此中有無窮味，

尤更得無窮情。

遭橫逆受窮困。

是鍛鍊豪傑爐。

受其烤身心益。

否其烤身心損。

無求人寡欲己。

以養德淡泊志：

清虛毓以養志：

以苦勵節少貪：

留餘後忍足前。

無病樂以養福。

無事樂防病先。

讀寫病在多事。

養生病在多愁。

處世病在多言。

立志病在多智。

治家病，在多費。
積德病，在吝施。
理財病，在多支。
用人病，在多疑。
健康病，在多懶。
修性病，在多囂。
創業病，在多務。
強身病，在多食。
少年時，宜埋頭：
莫出頭：莫出頭：
宜點頭：宜搖頭：
老人時，宜養頭。
莫碰頭：知善用。
塵世間，執充任。
生死關，仲裁判？

問善惡？因果斷。
身言行，察秋毫。
三尸神，彙報天。
天何昧？
君當明，懲示爽。
賣國賊，二戰時。
殺人魔，漢奸徒。
撥赤炎，希特勒。
殃人類，諸魔懲。
悖天道，嚴陰恕。
違人性，罪何論。
君雖微，非等閒。
生為人，立天地。
是群類，萬物靈。
本愛心，抱仁義。

仰勿愧，俯莫怍。
俯仰間，俯不作。
負非人，人兩不負我。
我不計，計難負我。
心性淨，淨無極。
人世人，昧昧知。
勸世歌，嘆人知。
唱不歌，歌。
只今世，積福享。
是前福，享福享：
咱今世，勸世享福。
先種勤，人有福。
始得財，身無福。
空勞碌，積分財。
享分福：人德厚：

財留身，難帶往？
甘願為兒孫牛？
人不肯積福田？
心捨財，如刀割？
貪枉有故？積福資？
因何故？慳吝資？
積福資，以無厭，得無厭欲？
痴迷人，獨得資？以無厭積？
欺窮人，欺何故？獨欺何故資欲？
以積福，因何故？資何故？
因任意，驕縱倚勢？
資靡人，恣淫慾，積福？
奢靡人，以何故？
財自郁，以何故？
福自綿綿，人福厚？

捨濟人，易得福。
帶不去，兩手空。
地間君，向你笑，
天皇中，向你悲：
兒孫福，自賺有。
看破財，早修福。
福享完，自吃苦。
苦不吃，福種德。
德不種，歲月短？
人旅途，似閃電。
泡影幻，不憐施。
資擁有，枉為人。
造孽深，忠孝行。
報親恩，守公正。
体天心，

誠平等，恭敬德。
知反哺，天庇佑。
老來相，說你知。
年少明，早醒悟。
歲月催，時無情。
人身体，漸變形。
背腰駝，頸項低。
牙齒搖，頭髮落。
軀縮小，癡呆生。
眼睛花，耳不聰。
呼吸短，神氣衰。
話失常，行杘杖。
腳碎顫，手抖搖。
腿無力，便淋灘。
皮皺紋，形枯槁。

心記得，昔舊事。
腦失智，忘人路。
咳喘哮，老來多。
早惜身，保健康。
常運動，知修行。
自書中，求真知。
從群眾，學榜樣。
在工作，創功業。
由處世，得歷練。
行定向，可致遠。
有定力，事成功。
心不懼，靜不虛。
空不寂，勤不急。
仁不殘，勇不剛。
智不愚，禮不慢。

做人道，以勤廉：
以信慎，四字首：
勤補拙，廉不苟。
信不欺，慎敬畏。
學問中，無止境。
倫常外，盡歧途。
處世事，代人想。
要讀書，切專功。
心作田，耕有餘。
善至寶，享無盡。
立身方，行事圓：
靜忌擾，性忌紛。
晨開門，七件事。
非錢難，行八德：
守四維，不錢易：

人遵守，列仙班。

凡事用：以責己，以恕人。責人心，恕己心，聖賢得。

談人短，曰不仁。助人惡，曰不義。

處富貴，体貧賤。處安樂，恤患難。

道安靜，德生卑。福生謙，命生和。禍生貪，患生慾。罪生殘，過生慢。

戒眼視他人非。戒口言他人短。戒心想他人惡。

戒手打他人臉：戒耳聽他人謗。戒鼻聞他人臭：

天理是道德本。道理是良心根。忠孝是立身礎。仁義是做人基。

是君子，固當親：但不可，曲附和。是小人，固當遠：亦不可，顯仇敵。

宜常思，己往咎。念時防，未來答。立善願，人當守。

心地良，純誠樸

己為人，消災病

利思義，身心美

家圓滿，廣結緣

歸善道，福快樂

人生難：貧賤易

富貴難：勤苦易

閒散難：忍苦易

忍癢難，守疼易。

蝸牛角，爭何事

石火中，寄此身：

富憐貧，仁濟施：

不口笑，是痴人

處富貴，体貧病

少壯時，悟老苦。

居安樂，知難景：

善不見，天賞厚

惡不顯，陰懲嚴

人在世，立功德

身學著，身益書

無益事，戒莫為

無益舌，戒莫言

無益念，戒莫起

無益謀，戒莫策

挽造化，壽延齡

改命運，求福報

惟人心，守正眞

本善良，天地佑

對得起，不負心

行言為，無愧怍。

人立世，事理安。
有悖德，速懺悔。
無遺憾，度春秋。
何因果？舉例明。
數學言，一加一，二是果。
物理言，力越大，反彈越大。
是爲因，二是果。
化學言，物反彈。
是爲因，物反消。
以理評，得反揉。
得反揉，揉人拳。
以人論，行一善。
不惡報，因果循：

種瓜因，得瓜果。
種豆因，得豆果。
欠債因，還錢果。
殺仁因，償命果。
敬人因，回敬果。
愛人因，反愛果。
爲人因，人爲果。
損人因，反損果。
種善因，得善果。
栽善因，收善果。
縱一時，不及顯。
遲早臨，會來到：
白陽期，三曹案：
作惡徒，難逃懲：

天理彰：循環報。
人心善，何惡果？
善必昌，何不昌？
祖餘殃：祖餘芳：
何不亡，惡不昌。
人禍福，惟人召。
影隨形，報不爽。
善不積，何成德？
惡不積，難滅身？
爲不義，怎自殃？
行不仁，難滅身？
種瓜瓜，得遠果？
栽適時，必然收。
欲勝人，先自勝。
欲論人，先自論。

欲知人，先自知：
欲馭人，先自馭。
欲強人，先自強。
欲度人，先自度：
自不守，先守人。
自不明，何明人：
人與人，距縮短。
爲科技，因科技，但可能喪人性。
世賢哲，倡復性：
尊孔道，保人性：
否毀滅，人類哀：
莫科技，爲犯罪：
作工具，德不爲。
有權勢，人腐化。

身富貴，鄙力勞：
心反爲，保安康，
無傲氣，世人敬。
知情理，恕饒待，
人不得，賠不是，
萬不可，求刻心，
有仁讓，是大德。
人創造，研發明，
科學品，供人用，
莫爲炫，迷心竅，
不失性，德當守。
人待人，懂禮貌，
有失情，說一聲，
對不起，心怨氣，
頓時消，兩相歡。

色身亡，靈不死。
奪性命，該人償。
罪歸業，死爲佛。
生禽獸，養爲佛。
殺禽獸，知色身。
非仁爲，塵心擾。
神本清，塵心擾。
心本定，要忘心。
人幸福，忘欲心。
有痛苦，協快樂。
以忠義，以廉節：
於國家：於孝順：
以善養，於父母：
以仁慈，以禮智：
於社會：以謙恭：

以恕德，於群己：
以修身，以無惡：
於個人，則近善：
以了道，以忘空：
身心以，得佛。
他感謝您，是雙親。
得成志，力上進：
始奮志，貧窮困：
人生就，有難折：
心存警，路知奮前。
途平坦，無波浪：
何有志，奔成業：
非養氣，不足以
任大事：情失緒。

肩危難，志動搖：
豈計謀，負成敗：
阿拉伯，地產油。
家富財，父為子
買金錶，隻為千萬：
炫耀人，書不讀：
有華裔，任家教
謂未賺，非勞取
不若技，習自掙
子竟言，父貴產：
何己工，教聞語：
心驚悚，油枯竭
土黃沙，蠻荒涼
何謀生，子茫然
怎謂賺？竟昧懂

哀没落　生計難。
代孕母　背倫道。
因世人　鄙白鶴。
青少年　識懵懂。
有挫折　是成長：
勇前行　忘創傷：
業役未　學正讀。
談婚姻　自尋苦。
只盲戀　忘麵包。
他日怨　悔已遲。
高所得　低收入：
沒工作　身難比：
社會上　千百類：
職場分　生競前：

任何事　皆可為。
歹人業　不能作。
是人友　有義氣：
莫好女　傷情感：
太不智　何成全。
互祝福　去苦來。
天何處　無芳草。
慢性病　非行善。
不立德　難治癒。
冤孽疾　非妙藥。
窮命人　橫財不：
人吃素　合仁道：
化冤欠　心慧明：
人行善　消宿孽：
去災殃　得福報：

168

人積德，子孫榮：
祖超昇，享冥福。
非迷信，絕正言。
願常施，正美言。
向天父，借時間，
延肉體，對皇中：
借靈性，活生命：
聖天父，宇宙中，
萬物源，天皇中，
靈性主，賦生命。
人身軀，會腐朽；
但靈性，永不滅。
知借假，以修真。
生活圈，廣狹分，
智愚別，定人生。

看山水，
四海遊，瞧田宅：
人一生，性難一。
外地情，守村了。
書本上，怎庫藏。
勤翻讀，識智博。
古時月，今人看。
今時月，古人難。
說故事，編小說。
情節湊，看人懂。
悲歡情，離合事。
生離別，死永袂。
時代景，身邊情。
苦樂事，筆傳述：
戰亂時，太平日：

人心情，不一樣：當代事，人勤寫，傳記實，史世久，但莫撰，淫敗俗。爲將帥，不謀略，恃武技，必敗北。率師征，微知著。察人爲，聽無心。以人爲，得無意：以有心，何外探。心機敏，立不敗。在世間，莫亂用。人豪性，利害辨。爲友誼，損益別。是非明。

行有錯，誤悔晚。見不平，拔刀助。義氣爲，勇人敬。利誘惑，情迷惘。害相逼，戀心痴。事不明，理不辨。人糊塗，入陷阱。男兒志，在五湖。行願達，莫氣餒。無奈事，世多少。滿腔憤，何遺恨。人好奇，新世物。喜探看，時久厭。史乘序，串不輟。古今人，扮角色。

人主宰天地道
道離人非人道
人有道始謂人
人無德難謂人：
明知孝孝人道
好做人人道做好明
本行孝孝為本
人不行忘孝非人：
忠為難孝事成忠
為統御公自重。
否難威人必輕。
社會上任何人
行所為責自負。
否後果價付大。

當三思遺憾晚。
身立世莫激疾
形自然體莊敬：
從容乎紅塵裏：
沈潛乎仁義中
縱橫於人群內：
懷抱於道德守
刑懲懲能安人
人儆戒免世慘
生平安知惜福
今社會明災禍
資訊速消息靈
為父母對兒女
常溝通解煩愁

多了解　心底話
不疏離　情圓融
能自破　是學問。
肯放下　則功夫。
沒挫折　難成長。
要勇敢　對現實。
對人類　處社會。
莫仇怨　恕化解。
本愛心　性圓融：
行謹慎　天下事
替他想　抱吃虧
難不諒　終得福。
紅塵道　百花香
日月轉　度春秋
人宿願　幾得償？

身影孤　世常有
心何苦　冷對人
胸懷開　笑納物。
事為人　是天理
白謗清　力辯冤：
功無量　心感情
德留世　千秋傳
人故事　一連串
是記憶　浪無痕。
穿芒鞋　拿破缽
誰人識　卻踏過
千山水　第幾橋
鄙名利　遠塵寰
人生觀　各有異
爲奉獻　途不同

知修道，度眾生：
説人好壞是看法，
罵他壞，怎看得，
好壞分別良心判：
益損別，眞僞分。
本天理，去做人。
爲蒼生，守愛心。
人愛人，愛人人。
人守信，信本義。
人愛心，愛愛心。
義行仁，仁知孝。
孝定忠，忠心德。
德善有，有和平。
踚踚行，紅塵道。
看得開，自然樂：

七情慾，名利纏：
愛恨爭，心情苦。
跳出圈，遠離擾。
淡無恨，看得幸。
處底谷，探得蘊。
屈高峰，有藝術。
人生活，形刻板。
太嚴肅，活輕鬆。
帶幽默，無煩愁。
過日子，祛風濕。
膝蓋痛，呈凹形。
手掌心，兩百次。
用力拍，消止爲：
青筋起，強骨骼：
缺食鈣，強骨骼：

常運動，壽可期。
過春節，感受異。
老年心，增中減。
幼齡想，減反增。
增減別，傳承判。
婦人心，是仁心。
得不著，莫毒人：
男人心，是愛心。
戀不著，莫毀人：
男女情，要由心：
豈相強，分不損：
男女婚，陰陽契：
乾坤合，倆相悅：
天地久，海不枯：
初誓盟，變非人：

結夫妻，同難患：
願甘苦，爲兒女：
同船渡，三世緣：
況共枕，心伴隨：
情相待，望將來。
過日子，美幻想：
編織夢，莫遺憾：
否實現，還天地。
有殘缺，生快樂：
心灑脫，萬物美。
樂天地，生歡喜：
美人生，物相生。
喜萬物，衡不偏。
生平衡，心和平。
偏非心，心和平。

平等看：看世情。

惟愛人，謂七情，
喜怒哀樂愛惡欲，隨境動，
心起會損身。

用不當，塵世人，迷了道。

身紅塵，迷世人，人迷了道。

人不迷，人了道。

悟醒人，人道仙。

道明人，得看開。

仙佛得，得明開。

開心人，通達天理，通達天理明。

理搞通，通達天理。

天下人，人樂生。

人說話，不說滿。

滿難圓，否出糗。

人陌生：情過熱。

會冷評：世俗事，持誠待。

當勘明：世俗事，透參悟。

莫膽破：不寒慄。

世人膽：不寒慄。

本人慈：化冷霜，無冷霜。

紅塵愛：無冷美。

美事情：人何不愚寒。

世上人：人膽愚。

生有異：智創研，智愚研。

研發明：賺創錢，賺愚錢。

今古情：誰能變？誰能變。

孰願愚：愚何指？

不奮前：類耕讀，愚何讀。

看水面：鵝悠游。

夕陽虹，晚霞美。
世人生，奔勞累。
宜偷閒，怡養性：
池塘內，荷花香。
庭前樹，展綠葉。
盆景栽，置滿院。
身出入，心歡喜。
園外事，不置聞。
時歲月，遠忘塵。
塵寰拋，無煩惱。
惱人事，事不心。
時運化，有地球。
始天地，有天地。
始萬物：有萬物：
始人類：人稟焉：

焉陰陽，孤陰不，
獨陽非，天地交，
陰陽合，男女媾：
媾妊人，猶天地，
秉乾坤，化生人：
故人命，天賦予，
保健康，知勞逸，
不糟蹋，養護好，
歲百春，行益世：
命之性，日性理，
先天有，由境遷，
後天習，日性情，
天所生，謂之人，
天所賦，謂之性，
人性良，無不善：

在天言，曰元亨，
曰利貞：在人言：
為仁義禮智信：
但稟賦不顯露，
藏於心則為性：
心為性發，
則發於事：
心之仁發於惻怛，
心之義發羞惡，
心之禮發恭敬，
心之智發是非，
心之信為至誠，
人俱之始謂人：
自理言謂之天：
稟受言謂之性：

自人言謂之心。
心性天皆一理。
性為心之所具：
天為理之所出：
但其性，心之所出無滅：
猶穀種苗，出生無滅：
其心者，人神出靈性：
虛靈昧理，處萬事：
聚眾理，處萬事：
不昧天理，謂良心：
本天理，身處世：
昧良知，心難安：
性識明，則為智：
理不解，是謂愚：
循乎公，稱為賢。

徇乎私，謂不肖：
身入世，因境異，
物欲蔽，七情染，
三毒害，喪心志，
不迷妄，何失性：
八德悖，人非人，
禮義廉，無恥獸，
行爲非，忘初性，
鳴呼哀，昧天賦：
不忠孝，無慈愛，
豈仁義，人難人：
心性淨，塵污垢，
遮光明，喪真性：
故曰性，從心生：
但又曰，從心滅：

其故曰，修心性：
亮晶晶，圓陀陀，
以了命，返理天，
絕不能，昧心性：
否地獄，世人戒：
何三毒？貪嗔癡，
染心性，莫執迷。
人道德，心善良，
有文化，氣質美：
守道德，人未必
有文化，否反是：
粗獷俗，無文化：
歹徒邪，難道德：
何最高？非道德：
是文化？世人俱：

人不俱，非完人：
人文化，化道德。
德化人，生文化。
身寒人，飲冰水。
知感天，在心頭：
人世間，情冷暖：
苦樂心，唯自明。
傳家道，惟存厚：
世無奇，但率真。
教子孫，讀耕技：
身作則，立世法：
古書顏，宜常展：
揚文化，滋潤德。
人生活，富藝術。

宜活潑，有情趣：
酒飲半，酣正好。
花開半，時艷妍。
人聰明，不太顯。
事能幹，稍越前。
金非寶，書為貴。
萬物空，善不空。
孔關子，兩夫子：
述論語，讀春秋：
知大義，明正統。
立天地，養浩然：
正氣守，邪魔懼。
經書語，專心誦。
背唐詩，熟宋詞。
不會寫，亦能吟。

華文化　滋潤心。
非科技　忘本性。
雖聖人　無常性。
世百工　多請益師。
社會人　福利施。
承責任　不消失。
惡勞性　人俱有。
性好逸　誰不想。
校園內　生出軌。
外力引　幫派勾。
不防止　書難讀。
心分散　學怎專。
家及師　特留神。
管疏時　流氓苗。
同窗情　共事謀。

師生恩　親友德。
人今有　前世修。
不可怨　相惜愛。
金錢多　物質豐。
豈足慕：知積善。
心靈實　世難得。
習學藝　養性情。
人輪轉　是風水。
物輪轉　爲時序。
天難測　是風雲。
心難測　爲禍福。
天地空　難心空。
宇宙大　難心大。
海洋深　莫心深。
山峰高　莫心高。

身斗室，心浩天：
立高山，數銀河。
寒風起，雪飛揚。
大草原，策馬雄。
蒙古包，北國情。
長城外，江山美。
炎黃裔，去國情。
歌舞蹈，嘉賓迎。
要處世，力節儉。
要修身，必養德。
不奢華，以養性。
運盛時，須做省。
境達處，要逆容。
天雲鶴，千年壽。
山蒼松，萬古春。

海洋爲龍世家，天空是鶴家鄉。
心明物原有天，鏡明千自有天。
身大家尊舊德，人治事重新知。
懷應秋度佳日，幸春雨故人來。
樽前花味酒濃，筆底松濤捲雲。
生品味有格調，不敗損完美人。
人之格立世則，莫毀傷則尊嚴：
身家國處人類：

新三字經

人立何地，失難人：
非命喪符，性妄非。
命忌妒，妒心憤恨：
仁恕忘德，德難道仁：
友道義，張親友，
友愛情，情五湖，
情不忌，忌海人，
人無恨，恨難人，
人心有，有化人，
人不牢，牢入人，
人心悟，悟當初，
初恕人，人何獄，
獄出時，時痛悔，
悔不再。

為兒女，待父母：
性乖張，行不孝，
莫認爲，無惡報。
劫臨身，禍悔晚。
心妄想，不勞獲，
愛虛榮，好逸享，
擺圈套，騙人錢，
萬莫施，得果慘，
頭頂上，有神明，
心虧事，昧天理，
不可做，歪計施，
悖人情，做神懲。
統御人，任其長。
捨其短，無不才，
取其敏，恕之疏：

得其辯，諒之肆：
心以空，容萬物，
胸以海，納百川。
世上人，競生存，
勤優前，惰劣後：
賢智得，愚笨虧，
善道得，惡則死，
天則生，何容疑。
人理明，無奈何。
本愛智，去關懷。
有同情，協援手，
悲慈憫，功在天，
身不幸，罹患疾：
莫卑嘆，志堅強：

奮力前，出頭天。
光明路，自點亮。
世明生，誰不知：
殘缺多，自完美：
社會人，彼此德，
互憐扶，仁義彰。
人對人，本誠信。
但不應，玩權術，
戰用兵，多詭謀，
但不可，少韜略，
圖治國，策民安：
但不該，妄動戈：
身天下，宏遠觀：
但不能，沒卓見：
處塵寰，守道德：

但不昧人，彰仁義：

但天生人，有愛心：

但今時代，科幻炫：

但人既失人，人同類：

但在家庭，孝養親：

但為學子，勤習讀：

但輮蹺生，後結慘：

但身公僕，監自盜：

但立社會，力創業：

但不犯，法律懲：

但是親友，勵恕德：

但不教人，做殘酷事：

但不做人，做善惡性：

但不為人，給歡喜，有煩愁：

人不為人令，謀福利，眾人益：

但不世，立人群，眾人益：

秉大公，心光明，立人明：

但不私，待世人，心性：

懷誠信，失本性，忠公廉：

但不妄，忠公廉：

報國家，利己囊：

但不營，利己：

在地球，是人類：

但不分，族教別：
地球人，重環保。
但不使，污境染：
大中華，民國父。
但不忘，孫中山：
天下公，懷博愛。
但不私，世大同：
養身動，養心靜。
養體衡，養性淡。
知善養，人健康。
明攝善，壽百齡。
鐵窗外，有藍天。
知痛悔，生得救：
歹路行，絕不通：
浪子仔，快回頭。

世上人，爭名利：
患得失，冥冥中。
有定數：莫強取。
生盡力，命隨緣。
東西方，哲觀異：
東論虛，西方實：
歐美人，側講實。
東方人，偏精神。
尚靈虛，形而上：
但西方，昧性而。
與物競，形而下：
中華人，人有道：
道修天，天人合：
合靈虛，虛性空。
世人說，人故鄉。

非一個　凡住過
皆可謂　址不同
出生地　籍永久。
權力失　過氣人
世冷眼　心不寒
因悟懂　名利非：
榮華貴　浮雲飄
退步想　海闊空
返樸真　自然樂。
知識得　則權力
無知識　變愚笨
有智慧　勝知識：
但知識　非智慧
因智慧　悟通達
只知識　處事物：

人識學　知多少：
祇識門　非智慧
智慧通　心開悟
悟天地　情透亮
明理性　性淨天
亮無染　染難天
人生路　單程票
只一次　不重來。
如何走　看自己
演得好　光燦爛
扮差勁　丟現眼
為公僕　任官吏
察古今　知多少。
百業工　行出頭
小庶民　格調高：

位有異：職不同：
論品味：性一樣：
人做好：鼓掌歡。
命之終：紅塵拋：
性灑脫：太虛飛：
臨去前：藹然笑：
無心礙：性忘空：
大千世：任遂遊：
數繁星：賞彩虹：
男女人：人慕人。
人戀生：生相愛：
愛久厭：厭分手：
手握手：手擺動：
動仁心：心祝君：
君自愛：愛莫厭：

厭不恨：恨非人：
人不故：故生變：
變因情：情獨鍾：
鍾移人：人自由：
由情去：去何干：
干他事：事生非：
非常人：人聰明：
明利害：害遠離：
離情人：人別傷：
傷損心：心上人：
人人傷：選滿意：
意中人：人相守：
守天長：長相伴：
生在世：當策立：
人生觀：應廣看。

不狹視，遠私利。
益群體，獻社會。
興國家，為眾生。
福人己，抱道行。
世人類，終點站：
千差別，沒人免：
天公平，不厚薄。
有貢獻，何負生。
在人生，舞台上。
獲掌聲，有噓聲，
時無聲，莫在意。
得不喜，失何憂。
平常心，去看待。
踏穩步，向前行。
人智慧，愈圓融。

尤謙虛：猶稻穗，
越飽滿，垂更低。
若昂頭，顯驕傲。
午夜夢：夢醒時，
時心淨，淨性明。
明今昔：昔日事，
事鏡清，清白人。
蹺家子，子逃離。
拐誘孩，孩失蹤。
父母心，心何傷：
傷人憐，憐情回。
兒童夢，夢將圓。
圓寶島，島上製，
製卡通，通列國：
國內人，人愛看：

看卡通、曲線美、情表達、地球人、昔三友、今影孤、人世變、莫相損、訂規則、大家守、各行業、入社會、立塵世、保尊嚴、力謀生

通心曲、美妙情、達天地、剩一雙、變無常、宜珍惜、否不德、玩遊戲、團體內、人力遵、守人格、有自由、盡責任：

爭榮譽、父母心、孝子女、身傳承、代傳化、華文化、慎終祭、人回首、有甘露、心感受、境往遷、一張紙、萬般情、歹邪徒、施善人

餘何言、思恩報、知酬情、忘非人、承永遠、在炎親、來時路、或風霜、各千秋、邁生命、染生修、看人修、下場慘、上瑤台。

脾氣大，嘴巴壞，心說好，徒枉然：
性溫厚，行爲上，吐善言，始符實。
萬里路，書讀行，知識得，人不忘。
腦力退，痴呆病，智能衰，記憶失：
碎步走，年老徵，語無次，人健忘。
公益車，憐孤寡，社會上，發慈悲。
身有錢，施援手，慨解囊。
人性美，莫過誠。

人性貴，莫過模。
人幸福，何有則。
關心人，察事物。
聽話因，天地理。
心悟出，豈能昧：
不迷糊，則智明。
立塵寰，人若有，羞愧心，則是人：
處世間，人若無，廉恥心，則非人：
處天地，存兩間：
苟無心，難懂情：
身地球，萬物靈。
知恥愧，人性得。

名牌衣：進口車
何美慕：穿樸素
坐國產　無人鄙
資財擁　行施德。
將愛心　心合天
人仁有　心輸人
天人心　心有心
世上愛　心化世：
愛無私　私博人
人人愛　愛非人。
世上事　最傷感
是塵情　困惑迷
退步想　宜冷靜
縱挫折　不氣沮
痛痕抹　另闢徑

光明路　何一條：
心境轉　祝福他
不沈重　何遺憾
任獨行　各奔程
無怨悔　勇敢對
遠悲苦　千山遊
海闊空　去邈翔。
萬物育　不相害
道並行　不斥悖
秉博愛　公仁德
人人守　世太平。
世人生　有特長：
名揚傳　千古頌。
麗君歌　慰心靈：
聲柔婉　中外欽：

大陸地，寶島迷。
謂小鄧，勝大鄧：
喘泰亡，葬金山
逢冥期，憑弔人
蜂湧悼，墓園哀
惜芳命，天妒喪。
過頭飯，不能吃
過頭話，不可說
過頭路，不能走
過頭事，不可做
莫患人，不重己
當患己，不重人
辭小溪，難海洋
積小善，始圓德。
昧改過，人難教。

不向善，難得度。
心懷慈，日日美。
得人和，可淨土。
學人虧，可養德。
習歷練，能體悟。
齒堅硬，但易毀。
聖貴渾，但稱瑞：
刃尖銳，但易摧：
龍難現，但稱瑞。
聖貴柔，聖貴渾：
但易潛，滄海深：
人難量，聖貴深：
但左右，情偏激：
語譏人，取禍端。
恕容人，積福術。

勢折人，招尤近。

德化人，譽流遠。

學有漏，法無邊。

知變有易，理想新。

捨為樂，則不貪。

忙為富，則不苦。

勤為力，則不貧。

忍為力，則不懼。

失敗因，任孤行。

剛愎用，成功果。

喜結緣，從善流。

世間美，是歡喜。

人善舉，為結緣：

身力量，數忍耐：

心願力，認甘受。

人失敗，熱度短。

事成功，堅志長。

善用兵，擇其勇。

善用人，選其才。

善用理，觀其明。

善用錢，察其當。

善用心，看其弱。

善用器，識其度。

善用事，針其訣。

養生要，濟其危。

求得均，吃得淡：

吃得苦，處世訣：

以感情，敬讓謙。

無法長，以道德：

得人敬，久彌深。
耻嚴正，以律己：
忠恕義，以待人：
誠勤勉，以任事。
慈悲心，以行善。
無常悟，緣起滅。
人精進：得自知。
性真實，無我在。
目有人，助緣多。
口有德，福報多。
耳有淨，和諧多。
鼻有聞，香花多。
心有佛，歡喜多。
身有道，化世多。
意有善，神佑多。

行有愛，路徑多。
學識上：宜力求。
博精深：修養上。
要力求：忍包容。
人智能：多元論。
因智商：有不同。
沒發揮：昧潛力。
自觀照：不遠得。
自離相：捨內外。
有為法：雖是假：
捨棄學：佛難成：
無為法：縱是真：
心執得：慧難明。
有道書：要盡讀。
專業書：當精讀：

閒雜書，宜少讀。
人邪妄書，鄙不讀。
為父母，善育兒。
為師長，培英才。
身為學生，承孝教誨。
為子女，孝養親。
若親友，睦協業。
有鄰處，睦照扶。
人處處，無能力。
能助人，給方便。
有能力，給為難。
是作家，稿紙上。
力耕作，是農夫。
土地上，鋤耕耘。
身教師，黑板上：

心田上，坐耕耘：參禪人。
身要好，人難幫。
己不好，誰難擋。
己要好，肯饒人。
德日昇：自律嚴。
身處世，學日進。
依得人，終身榮。
投非類，一生殊。
人智勇，永幸運。
心厚道，得福報。
貧困中，有志氣。
危難中，有勇氣。
富貴中，有仁氣。
修持中，有道氣。

人學問：在治事。
事不治：學無益。
心佛法：在治心。
習佛法：修何成。
言善惡：無善惡。
處環境：何損益。
論善惡：皆是法。
是知己：全在己。
人立身：能律己。
心容他：處世道。
爲人際：相助他。
知苦煩：守本分。
不妄求：明慚愧。
始進步：不退化。

敢發問：得智慧。
長聽聞：得對話。
善溝通：得共識。
勇思考：得創意。
受鍛鍊：得實力。
安靜修：得道德。
心無妄：得平安。
信其言：不察行。
智慧言：信其智。
不察言：愚者行。
察其言：亦察行。
智者言：不察言。
非察行：愚者愚。
人自學：成動力。
身自律：成條件。

志自信，成方法。
心自尊，成要素。
得眞理，靠力量。
來實踐：有力量。
依眞理，來發揮。
爲成己，任何苦。
得忍受，得解紛。
任何責，得承擔。
備來日，說寫做。
世看破，看不破。
是生機：是困境。
心處處，是生機。
愛研究，靠資料。
研發明：靠才華：

喜讀書，靠深思。
善做事，靠明辨。
人做人，行正直：
心坦蕩，仁君子。
人做人，性歪邪。
無是非，佞小人。
處大事，善惡明。
做小事，有魄力。
做難事，要細心：
做善事，要遠相。
培育才，可傳燈。
教用人，始傳承。
養興趣，不癖好。
學正直，不古板。

唯行動，始達地。
唯真修，始彼岸。
人粗心，固錯事。
太細心，但誤事。
坐如鐘，須穩重。
立如松，須正直。
貌如鏡，須明淨。
行如法，須合儀。
思如流，須清澄。
智養神，愚養身。
為君子，則養德。
是小人，則養威。
會讀人，勝讀書。
會識人，勝讀人。
會用人，勝識人。

會做人，勝用人。
義所在，不人後。
利所在，不人前。
世所求，互緣起。
非萬法，但只要。
緣強足：自渠成。
得經驗，人聰明。
認吃虧，人謹慎。
世道德，不厭舊。
人知識，不厭新。
有夢想，始打開。
理想門：有理想。
始關開，成功路。
滿足樂，樂無疆。
多欲苦，苦難了。

疑於人，人亦疑。

忘於物，物亦忘。

性遷於善，德日新。

稱君子喜，飾過。

惡彌著：謂小人。

有學問，人謙虛。

懷禮讓，人高貴。

但無禮讓，人驕傲：

身自負，人膚淺。

人處世，心當戒。

受教育，在明理。

讀書竅門無他。

多讀記，著作法。

路無他：多思寫。

觀樹影，知高大。

觀人語，知德行。

時空觀，實認知。

傳統觀，史認知。

文化觀，普認知。

信仰觀，理認知。

仁義觀，性認知。

道德觀，體認知。

忠孝觀，心認知。

認知人，人謂人。

求正道，先正心。

入正道，須放下。

行正道，運悲智。

證正道，須無我。

有志人，非年高。

有理人，有心人，有才人，知己短，識恥辱，若人生，無撥弄，一本誠，天下平，人做人，有正氣，有道氣，有義氣，人福氣，不嘔氣。

非聲大，非言表，非現用，能成器，不斤兩，何是非：待處世，眾安樂，有勇氣，有俠氣，始謂人，不生氣，不悶氣。

不鬱氣，不傲氣，在工作，有創意，頭腦新，問題生，迎時代，不爲炫，守仁義，人是人，知恥辱，明己短，敵業力，有神通，人道德。

不憾氣，始福氣，事業上：不呆板，知識博，立研究，尖端技，保傳統，知道德，人做好，必大器，可完人，非神通，難道德，超神通。

但神通，不空無。
粗俗人，愛鬥力。
愚昧人，愛鬥氣。
智慧人，愛鬥智。
賢達人，愛鬥志。
從佛容，見本性。
從花石，識大千。
從坐禪，體生命。
從夜月，知永恆。
想發財，先發心。
想改運，先改心。
想治世，先治心。
想救人，先救心。
人責怪，不計較。
必增慧：受讚美。

覺得意，暗伏危。
增上緣，因困挫。
事肯學，不動心。
受毀譽，不喜怒。
參透機：修到家。
不形色，敗猶成。
力盡我，成實敗。
僥倖得，人成敗。
學通識，人通情。
性通達，道通理。
說話人，啓迪聽。
人做事，爲群眾。
人驕氣，不可長。
人傲骨，不可無。
人貪念，不可有。

人義行，不可缺。
人道心，不可少。
人懺悔：能使人。
心地善，人發願。
能使心，志堅定。
人灰心，人鼓勵。
絕處生：人落魄。
話讚美，重見明。
人耳中，聞逆言：無忿怒，身進德。
人心中，拂逆事：形不顯，養忍性。
是小人，以己過。爲人過，怨天人。
是君子，以人過：爲己過，反躬責。

處鬧時，宜鍊心。
性靜時，宜養心。
坐臥時，宜守心。
行動時，宜驗心。
言語時，宜省心。
動作時，宜制心。
燎原勢，生星火。
壞山水，生涓滴。
一念惡，鑄成錯。
心懺悔，生死轉。
貧無求，以爲德。
富能施，以爲德。
貴能卑，以爲德。
賤忘勢，以爲德。

以苦心為良藥，救人己；以益言為針砭，利己人。

人所患，莫甚於昧知惡；人所美，莫甚於聞己過。

人所貴，莫過於明理義；人所鄙，莫大於寡廉恥。

人所尊，莫甚於慈捨施；人所敬，莫甚於德，所仰崇。

可無錢，可無勢，但不可沒慈悲，但不可沒人緣。

人我相處道：重在隨緣不變；利害得失前，要能不變隨緣故：

人之病，是自己；

人之悲，是無知；

人之誤，是邪見；

人之失，是驕傲；

人之煩，是慾望；

人之昧，是怨尤；

人之憂，是生死；

人之擾，是是非；

人之慈，是愛心；

人之勇，是認錯。

人之行，是仁義。
人之心，是道德。
人之獲，是滿足。
人之力，是信仰。
人之得，是感恩。
人之恕，是寬容。
人之格，是尊嚴。
人之想，是平安。
人之志，是利他。
人之體，是健康。
人之念，是眾生。
人之財，是智慧。
人之苦，是不解。
人之性，是不染。
人之得，是因失。

人明理，得快樂
心惜情，獲友誼。
人通達，悟萬物
人仁義，行無阻。
心有義，爲人想：
是做人，首條件
心有人，視人佛
是成佛，基要素。
心謙虛，人進步
心驕傲，人退步
性剛愎，人失敗
性寬厚，人成功
人歷練，各行業。
感受異，千差別
計乘車，駕駛員：

熟讀人，社會學。
最豐富，悟世情。
因客類，階層有。
日夜見，朝夕分。
衣貌美，眾歡迎。
因職業，守道德。
莫非分，心邪歪。
鏡為鑑，正道德。
人為鑑，知得失。
病為鑑，體痛苦。
法為鑑，惕戒牢。
事為鑑，明成敗。
史為鑑，判忠奸。
佛為鑑，了道心。
身為鑑，察強弱。

天為鑑，道潤物。
地為鑑，感德深。
海為鑑，納濁污。
山為鑑，測高理。
人為研，電腦器。
通網路，資訊豐。
聲光閃，電波動。
炫人心，迷失性。
會引發，人躁鬱症：
新時代，人性茫茫。
茫然生，生沒趣：
復本性？不忘人：
人性有，有謂人。
人是人，人遠炫：
炫迷人，人難人：

205

人仁心，心德美：
美做人，化人始，
人性化，化人始，
人研物，物役人，
人非用，用不役，
物非人，用人迷，
迷萬物，物主宰：
宰萬物，物控人，
控操演，演因人。
人在世，做善事。
死無畏，若惡行，
生猶死，死前懼。
因不義，心恐怖，
正處世，廉律己，
恭事上：信接物。

寬待下：敬承事。
生活像，翹翹板：
有上下：做人像，
度量衡，知高低。
用人時，知人長，
教人時，察人短。
危難時，安人心。
是非時，明事理。
做人時，悟真理。
處世時，通情理。
有能力，行善事。
無能力，存好心。
大小事，在發心。
大小人，在願力。
同情心，始利人。

體諒心：始容人
忍耐心：始做人
慈悲心：始度人
俱備有：始謂人
有細心：能成事
有魄力：能突破
有膽識：能承擔
人自傲：失敗因
人自卑：消極因
人自信：成功因
高職權：心愈下。
人自親：祿位厚：
自彌約：性自樸
得寵甚：思行慎：

位自固：道義揚
自謙退：德自厚。
重是非：輕利害
重實踐：輕空談
重真情：輕人情
重道理：輕世俗。
利均霑：非公物
私惠親：非公物：
非惠親：己受苦。
自小福：累他人
人貧賤：志不屈。
看問題：廣角度
始透明：視狹非
內外情：史背景
側身地：位何處。

主客觀，始發言。
人一善，讚揚他，忘百非。
人一惡，算千遍，警惕己。
怕責任，怕承擔。
怕工作，怕辛苦，永難業。
怨天地，怨命運，怨他人，怨世物，永難成。
物品壞，可修復。
情義虧，難彌補，珍情緣。
錢財丟，可賺回。
時光逝，難倒流，要惜陰。
人待人，像春風。

身處世，似夏蓮。
行律己，帶秋氣。
心利他，如冬陽。
人是非，若越多，其痛苦，則愈深。
人見識，若越高，其道理，則愈明。
人心慾，若越大，其心情，則愈薄。
人心念，若越濃，其情感，則愈執。
兩平衡，世無紛。
人為人，勿得失。
計善惡，人做事。
有成敗，計是非。

人處事，勿褒貶
計心安：人工作
勿成果：計耕耘
人修行，以無心。
身辨事，以有心。
問自己，莫問人。
為己何？為人何？
為世何？為利何？
抑人者，損其德
愛人者，成其道
整人者，失其仁：
錯雖微，恕己過。
則萬錯因之生。
善縱小，從人美：

則萬善因之起。
心若無，自信尊
人若癱，性若無
進德修，格卑賤：
身立世，秉剛道。
家包容，家之長
國包容，國之主
人包容，人之雄：
物包容，心之豪：
人之心，有多大
超宇宙，邁乾坤
邁太虛，遊昊天
滿足否，得問心？
諫諍友，心能容？
阿諛友，宜慎交？

寧人欺，不自欺。
寧人負，不負人。
能立志，始成業。
有恆心，始成器。
能納善，始知過。
人知捨，始惜福。
酒不爭，飲之歡。
棋不爭，奕之勝。
理不妄，明之道。
位不求，得之高。
停車位，留空間。
好迴轉，事人情：
留一線，好見面：
言不絕，緣難斷。
高賢士，不以位。

爵為榮：掌理人困。
不以挫，抑所困。
做人要聰明，不先。
盡心要，處世尊。
成功做人急：內外緣一一。
人身處世：知行一。
人講話：要含蓄。
忌太露：忌太直。
要委婉：宜圓融。
人處事：宜態度。
忌太剛：人做人。
要深厚：忌太苛。
做人宜：被人用。
始成人，否難業：

業自創，創業人。
人用人，用人人。
人才用，有才用。
人像有，自觀照。
人似鏡，己提放。
人如薄，錄功過。
人猶燭，照別人。
人若鐘，惜時光。
人是牛，付不悔。
人做事，有生氣。
人處人，有和氣。
人強橫，得反射。
性溫順，得柔和。
果鮮美，鳥易食。

事有成：
善評人：人不謗。
愛自省，察己疏。
語溫和，律常嚴。
言諷刺，勝歌美。
違世理，勝箭痛。
必早天，成長物。
得霸有，業非分。
少年時：修理亡。
認真學，青年己。
正視己，檢驗學。
壯年時：擴大己。
實用學，老年時。
圓滿己，養性學。
人對人：好處想：

長處看：人對事。
遠處想：大處看。
人對上：不欺天。
人對下：不欺人。
人對內：不欺心。
人對外：不欺世。
人現實：不躲避：
人未來：有希望：
對往事：勤檢討。
人現在：有進步。
對共處：但不忘。
廣結緣：人結緣。
但不忘：惜福緣。
眾所好：與同欲；
謂賢性；個人欲。

不顧人：謂庸俗。
話誠實；事認真：
不誠實：不認真，
則妄語；則懈怠。
人親切：讀用心：
不親切：不用心，
則傲慢；則無知。
學長處：不嫉妒。
學短處：不計較。
人相處：以平淡。
人相見：以誠真。
人相待：以禮敬。
人相勉：以學道。
世上人：問題多，
莫過於：彼此間。

不傷害能溝通
知錯點自反省
坦白講無心痕
光明燈照塵寰
對天地何坦然
做錯事坦懺悔
莫再犯非人
人天犯人合天
天下人愧人知行
行無人愧獄人
問天地爲何爲人貴？
爲自由爲人道
孔儒曰：忠恕耶
仁義耶道德耶
會來此：沒一位。

陌生人　老友。
挫折感　何承受
欲壓力　轉化念
心移情　自淨化
給自己　尋機會
莊敬強　自淨化
提昇華　不墮落
情緒消　心靈美
人生路　復光明
世　人　以光明
以苦頭　看讀書
回味品　説究竟
境無窮　唯人生
沈醉在　書堆中
飽大餐　勝餘他

精神糧，不食粒：
忘睡眠，昧豈情：
江南岸，春風綠，
心淨涼，夏夜月，
照我還，秋夜飄，
身忘衣，冬雪暖，
化物慾，化粗鄙，
美人性，無惡徒：
人嗜書，多類別：
吸塵型，全接納，
盡且忘，沙漏型，
看且忘，難保留：
濾袋型，取粗華，
棄渣澤，鑽石型，
得益處：潤己他：

美食型，不厭精：
知反饋，饋世人。
挑戰起，自出生，
至身終，敗無成。
處在世，止於智，
聽謠言，不傳仁。
聞譏語，友人心。
話刺傷，應有德，
非做人，符情義。
人熱心，合情境。
身勇敢，過逆境，
人懂得，真本領：
始學到：
禁得起，事歷練，
始擔當，大任務。

人虛名：莫浪得。

事成功，非偶然。

我最好，賽前心。

你最好，落敗情。

怒招笑，怨引恨。

和致祥，喜生瑞。

無為有，退為進。

空為樂，眾為我。

處逆境，磨練志。

大洪爐，身困苦。

成人格，增上緣：

有信心，達目標：

原動力，抱理想。

樹人生，指南針。

人進言：盡責忠。

心慚念，成功遠。

愛逸樂，失敗近。

人做事，大小一：

人做人，前後一：

人行為，內外一：

人說話，言行一。

要讓人，知認同。

聽後喜，人做事。

人說話，要讓人。

心有靜：共存世。

忙中靜，味無窮。

去看人，彩顯。

臭穢糞：佛菩薩。

心看人，心看事。

要辭退，有禮序。

不自省，難自覺：
人自覺，始自信。
有自信，可自強。
人自強，始自立。
要謀遠，先驗近。
世務大，一勞得。
力不懈，始擁有：
世沒有，不處事：
權巧用，在進步。
天降殃，極深度。
生跌落，人心情。
哀痛裏，愛寂醒。
宜冷靜，遠悲愴。
去淚傷。

自晦暗，深淵內。
芳草地，何處無。
跳出來，萬莫陷。
苦海中，去沈浮。
抛怨恨，化因緣。
不嫉仇，頌祝願。
把大愛，顯出來。
過熱惱，始冰清。
風雨過，徹晴涼。
悟無常，是世物。
人做事，全力付。
結果時，看緣得。
得不當，心身安。
言語上，使人信。
說有物，行動上。

216

使人仰，得有果。

時命裡，機會失，
事情錯：想挽回，
不可能，莫遺憾。

人為人，山崇高，
人處事，水流暢。

人做人，要受教，
始得益人性：
要正言，改性心：

做好事，要時為，
不求名，人學習，
思要想，悟得竅：

秉此則，立無敗。
惡意評，有雅量。
美勸勉，當感情。

自以為，人無用：
心以靈潤，得難窮：
自執著，人有用。

心正義，失無限。
有道德，不自大。
有學問，不自傲。
有能力，不自負。

心自滿，錯必大。
心常愧，錯必小。

坐下來，心聆聽。
人聲音，是溝通。

大秘方，事常替：
他人想，是避免。
彼傷害，不二門。

人精進，身勤勞：
是善德，是財富：
人懈怠，心放逸：
是罪惡，是負窮：
守精進，得美果。
大是非，何爭吵：
錯是我，情緣好：
有你得，紛爭少：
苦和氣，幸福多。
傷感情，不吵架：
損感情，避鬥嘴：
是君子，辯是非：
論真理，又何妨。
烏鴉嘴，不要有：
喜鵲口，人多開：

相撲難，處世免。
彌勒相，佛面心。
彼此間，人相處。
是容易，否容易。
人相處，可保永。
得忍讓，事人練。
人經過，人尊重。
始成長，始擴大。
則人在，慈心粥。
食一碗，喝一杯。
勝蔘湯，勝瓊漿。
人和茶，勝菜根香：
呷一口，存一念。
勝酒肉，勝滿席。
思無邪，勝滿席。

人學問，是財富。
人快樂，是健康。
人寶藏，是慈悲。
人資產，是時間。
人力量，是智慧。
人幸福，是無病。
人光明，是心燈。
人靈魂，是精神。
人身體，男女根源。
大欲飲食，固難免：
因是人，人秉道，
道德生，生仁義，
義情有，有謂人，
人無愧，愧非人。

望雲山，鬱蒼蒼。
看江水，滿決決。
仰先生之風範：
猶山高似水長。
人美德是慈悲：
因慈悲美化生。
人財富是智慧：
因智慧規生涯。
人與人不和諧：
以慈悲不化除：
人與物去協調。
以智慧去解決：
人做人有慈悲。
但做事有耐心。
處公務有道心。

身治學，有慧心。
不懷恨，不怨尤，
人就會，少煩惱。
不計較，不比較，
人必然，多助緣。
仁樂山，慈德如：
須彌山，崇高偉。
智樂水，慧法如：
大海洋，浩無邊。
人心中，有慈悲。
有智慧，其妙有。
可昇華，為真空：
人心中，有社會：
有大眾，其真空。
能發揮，出妙有。

以智慧，可降伏：
因內起，之煩惱。
以慈悲，可化解：
因外來，之憂患。
親和藹，可生財。
慈愛語，智慧生。
好道德，品格高。
好慈悲，人我平。
好禪定，時空亡。
斷是非，先明理。
別善惡，心不惑。
無理性，易衝動。
有公義，難特權。
人不能，耐饑貧。

人不能耐苦難：心就會隨俗流。

人不能耐病累：心就會怨天人。

人不能耐譏謗：心就會自憐艾。

人難成大器度；身就會招致禍；

身不能耐：忙碌時心要有空間感。

空間有情：空間時心要有忙碌感。

人要有情：忙碌中內心。

人智慧中內心，增長得，人悔恨，由外境；過失生。

善論人：省察己。

必常疏己：善自省。

人常律己：則常嚴。

志堅定己：始不為境左右：抱負遠，始可擔眾事業。

語溫和：美妙歌；聲感人，言刺諷，傷人己：猶利箭。

達世理：成長物；必早天，得分非。

霸業成：必然敗。

眾所好：興同欲；謂賢哲：個所欲，不顧人：謂庸俗。

止水澄：人立身。
人養心：如明鏡
勿太高：使可從
思堪受：教人善
論人惡：勿太過
不用心：是庸夫。
是傲慢：讀用心
人親切：不親切
不認真：不誠實
是妄語：是認真
話誠實：事認真。
自得慧 活水湧
眼反視 去三毒
智慧花 覺花開
心田草 長無明

坐下來：聆對方。
事不怕：萬千多。
千萬里：常常做
日日行：路不怕
出廢詞：以簡告。
人譖詞：以默待
出屬詞：以婉答
人巧詞：以誠接
得永久：心感激。
人歡喜：雪中炭
錦上花：得短暫
如光月：般和煦。
般坦蕩：人待人
人處事：如白日
如嵩嶽 泰山崇：

222

心聲音溝通訣：
替人想，是避免
彼傷害，不二門。
智慧看，世凡事。
圓無礙，情識觀。
心分別，雜念有。
故人論，遠計度。
因果生，看法異。
善人視，爲畏友。
惡人視，爲仇敵：
智人視，爲龜鑑。
愚人視，爲法官。
遇欺騙，須寬厚。
逢毀謗，不復仇。
遭加害，待恕慈：

受苦難，宜忍耐。
人愚笨，被操縱。
人聰明，自創發。
人無知，難有得。
有慈心，猶花香。
把歡喜，傳送人：
施愛語，猶陽光。
把溫暖，播十方。
以一忍，擋百勇。
以一靜，制百動。
以一勤，成百業。
以一善，消百惡。
以一慈，超百劫。
以一心，做百事。
有慈心，伏鬼魅：

有悲心，遠邪惡。
有喜心，求所願。
有捨心，得吉祥。
人尺度，非道德：
有慈悲，非衡量：
作工具，真沽名。
懷慈愛，猶關懷。
行世間，了無礙：
有智慧，明真相。
察真偽，猶雙目：
懷慈悲，昧智慧。
淪邪惡，有知識，
無智慧，將執著。
能智慧，時可久。

能信疑，險可走：
忠逆言，利於行
淨無求，利於心
有信仰，非迷信：
淨化心，易妄想
無宗教，不執著
苦煩多，價值重
以愛護，去珍惜
花草樹，昆蟲鳥：
茂青翠，悅鳴唱
迎我以，酬我以
以慈悲，去應世
不冀求，人回報
有榮辱，得失心。

我皆逆增上緣：
世萬物、事種切景，
於我言無煩惱。

慈悲心皆慈悲，
懷仁難慈悲。

強身訣去煩惱。

以慈悲、以愛語，
去化誘暴戾，
使社會趨和平：

以智慧、以心語，
去消貪瞋愚癡，
使心靈保明淨。

煩惱人把小事，
變複雜化好事。

成壞事：
把大事、智慧心。

化壞人為簡單，
以慧心成好人。

化腐朽為巧手，
以悲心為神奇。

化苦難以悲心，
故做人要安樂：

人追求世善美，
可不計時如何，
因善美是目的。

心窮寬世眞理，
可不拘時長短：

因眞理寶難盡。

人篤信因果者。

當必是　道德人：
人必了解　緣起者
當必是智慧人。
聰明人：察人誤
糾己錯：識己著。
察己執：是結緣
世人執：觀待人
故以此：世偉大
無不善：故以此
是忍耐：
力做事：無不成；
世志堅：是願力
故以此：行度人
無不益：戒心明
心懺悔：猶明礬。

淨污濁：守茹素
猶鍼藥：除百病：
人慈悲：猶山泉
消乾渴：有智慧
猶導師：護指引：
人表情：猶甘霖
灑旱地：苗活生
心會意：夢醒得
響天際：猶春雷
平等觀：化冤家
慈悲觀：消怨尤
因緣觀：淨人我
定慧觀：展潛力
主客觀：明立足
是非觀：測智慧

利害觀知判斷。
人情猶初相識。
今辛苦未來榮。
處到後終無憾。
現忍耐他日功。
世風下向上階。
路風霜心練境；
情冷暖性忍德；
事顛倒修福資。
以微笑對忿怒。
則忿怒無不消。
以微笑對事務：
則事務無不成。
以慈悲以歡喜。
美化生：以智慧

以靈巧以事業：
以道德以良知。
待人群以團結。
以和諧以福利民。
容異己之存在。
容傷已之尊嚴。
容冤仇之傷害。
容無心之錯誤：
心想法存慚愧：
則可增一善念。
心要求添一嚴格：
則可多一慈念。
恕爲大虧是福。
學吃虧能結緣：
過知改善莫大：

懂懺悔　增品德。
人有過　遭批評
欣然受　真心改：
身無錯　蒙冤枉
何駁辯　當自省。
功名前　退讓點。
安自在：何悠閒
忍耐些：是非前
以空慧　去修道。
以慈悲　去養德：
以忍辱　去進力：
以布施　去修福。
上進人　除途中。
急迫切　善言引。
滿遭損　謙受益。

人恭讓　普得緣。
忍一句　禍根著
無處生　饒一著：
莫與人　爭論強：
耐一時　退一步
變蓮池：集福路
是人間　所謂苦
世上人　認知誤：
是心理　所謂樂
世間人　認知錯：
是想法　有所謂
若認苦　增上緣：
若是樂　莫忘形
苦與樂　心感受：
人忍耐　非退縮。

面對事不平時：
以常心去看待：
性忍耐非無能。
對毀謗譏諷時：
以真心去釋懷。
忍是天地間最寬大包容量，
無我是宇宙中最偉大和平力。
人處難，做利他。
處難處，做難做。
人與事，性忍耐。
爲化怨，容恨我：
諒負我人，與事。
以忍耐，以緘默。

面對毀謗：
以最好法：
對律己害，以反省：
看白髮催人老，
愛父母深情：
知感恩誤人情：
視富貴猶浮雲：
性灑脫無煩惱。
忍得住人責備，
堪造就忍得住：
事委屈始進德：
改一分壞習氣。
增九分道德心。
忍一分性煩惱：
添十分仁義理。

人耐勞：更耐怨。
性重己：尤尊人。
人若能：時時用。
情願心：行理想。
事皆成：心若能。
常常以：聖哲理。
待世物：事可功。
事艱鉅：工偉大。
由堅持：因忍耐。
去完成：心光明。
性燦爛：好前景。
本精進：圓滿功。
唯真正：才體悟。
煎熬人：受痛苦。
真理崇：有勇敢。

能接受：負不平。
心始得：寬容量。
以健康：使工作。
變樂趣：以耐力。
行實踐：理想得。
以仁慈：恕包容。
人缺失：以正破。
邪事物：切恐懼。
以懺悔：力洗身。
惡罪愆：以理念。
去除掉：世俗牢。
以豁達：脫悶鬱。
不樂情：以自信。
達目標：人生想。
著仁鎧：執義門。

損道甲，戴德盍。
行世間，降伏魔。
除邪妖，何現形。
秉謙讓，遠招怨。
知禮敬，少樹敵。
性淡泊，無得失。
心寬容，絕恩仇。
行不愧，對天地。
敬善人，是美德。
容惡人，將養福。
世善行，要效法。
性惡染，得勸勉：
忍一時，換久安。
耐委屈，得後成。
愛諍論，苦對方。

不以理，只加深：
彼此怨，謙容解：
善猜忌，苦自心。
不以疑，惟信賴。
互莫作，祥和消。
心不寬，何能容：
心不容，何能和，
心不和，何能平，
心不平，何能定，
心不定，何能靜，
心不靜，何能安，
心不安，何能慮，
心不慮，何能得：
得不得，無所得。
得始得，得空空：

- - -

空空何？空本空，何空空。
難成耐，空空道。
耐成耐，事成事。
耐不耐，亦得耐。
成成事，耐事難。
難因業，業難業。
忍忍忍，耐耐耐。
忍不氣，亦成忍。
業因忍，氣業成。
儒家靜，心靜靜。
佛陀淨，性淨淨。
悟道階，修心情。
心思辨，愈深遠。
愈顯得，智慧味：

人言口，口越快。
越發言，謬誤失。
求會陷，先淨心。
求身安，先防過。
學心安，充實道。
想接受，自安道。
事忍耐，快樂道。
讚美人，修緣道。
怨報人，怨難止：
忍止怨，怨自息。
德報怨，德尤德。
怨報德，怨不生。
成人美，美譽隨。
助人惡，惡名立。
爲世人，自立強。

不因煽言行搖：自主行。

不為世人挫：自主尊。

毀謗陰德：欺厭人人。

讚美人：增福壽。

幫助人：是世上。

笑容面：讚譽人。

美色彩好：讚聲音。

是世上：好讚聲音。

知世上：心常泰。

有智慧：事可貴。

心用在工作上：成功本。

心用在事：心常泰。

思考上：突破本。

心用在書冊上：

智慧本：心用在。

結緣上：處眾本在。

心用在：仁怒上。

做人本：得道本在。

無我上：心用在。

是君子：常責己。

但小人：善責人。

非關性：善男女分。

人用心：遠勿近。

人用心：廣勿狹。

人用心：深勿淺。

人用心：大勿小。

善靜猶：深夜眼。

沒聲聞：善善動似。

浪翻騰：沒秒息。

沒自信，超自信，
皆必是，大錯失。
洞小癖，可潰堤。
防微杜，些微隙。
可傷誼，知錯弨。
多善事，積善德。
多善念，正所求。
本計較，心所成事。
濟協人，德有限。
不計較，無所求。
行幫助，功難量。
向尊長，以謙恭，
是本分：向平輩，
以謙和，是和善。
向晚輩，以謙虛：

是高尚：向生人，
以謙虛，是安全。
是丈夫，爲天下，
蒼生想：不己謀。
非丈夫，爲自計。
不世人，眾生想。
高人格，鄙富貴。
重情義，賤物質。
大人格，建立在：
不自私，事成功。
奠基於，不苟且。
口常說，你先請，
謝謝你，對不起。
能使人，生祥和。
心常念，自不對：

很慚愧，喜結緣。

使人格，臻善美。

不恕人，難人恕。

不讚人，難人讚。

不妄語，但守信。

自然誠，不煙毒。

生運動，自健康。

生眼聽，皆一雙。

多看少言語。

只看一張嘴巴。

達此則：添是非。

人心志爲心志，通眾人之願望。

人耳目爲耳目，盡眾人之情理。

兄弟怨，害父母。

夫婦怨，害家庭。

同事怨，害家管。

政客怨，害國家。

人互怨，害人己。

怨天地，害自己。

多子孫，捨福則得氣。

捨財物，捨則得交。

人守時，是社交之禮貌。

盡責任，是工作之義務。

心公平，是領導之原則。

語輕聲，是人類之文明。

華衣美，生活上。

未必樂：心靈潔。
生活上，滿喜悅。
人修己，不清心。
難得安：身涉世。
不慎言，多是非。
人佳偶，固天成。
相處中，該要守：
多幽默，少計較：
多體諒，少爭吵：
多關心，少指責。
多溝通，少冷戰：
求人前，先自省。
責人前，先反照。
賞人前，先慮平。
惠人前，先莫得。

為人屬，要如土：
謙卑明：為人主：
要如海，不粗細：
為友交，要如林。
藏萬象：為群處。
要如水，屈介得。
表美貌，人悅目。
有道德，人敬仰。
身貞潔，人清淨。
心真誠，人信服。
上求場，憑力道。
之均勻：商場競。
憑恢宏，之氣度：
業大小，憑健康。
之賽跑：外生活：

有內心之享受：
財擁有：靠善德。
依人仁載：群融和之緣份。
人會觀：觀自心。
之心靈，人會讀。
讀養性：之益書。
人會行：行仁義。
之道，人會做。
做陰德：之事功。
人會說：說諍語。
之逆言，人會諍。
得正當：之位祿。
人會聽：聽無聲。
之聲音，人會吃。

吃無味：之飲食。
人會看：看無象。
之宇宙：
想無邊：之空相。
人如此：何煩苦。
有眼睛：莫看人。
宜反觀：自己心。
有嘴巴：莫說人。
宜檢討：自己事。
提得起：放得下：
其心胸：坦蕩蕩。
提不起：放不下：
其心中：長戚戚。
提得起：放不下：
其心門：狹窄窄。

和藹容，見人者。
得人者：謙沖氣。
處人心：得人尊。
恭敬和，待人尊。
得人者：讚美言。
和人往，得人緣。
君子交，以道義。
小人往，以禮貌。
鄰友睦，以誠信。
部屬待，以協惠。
立社會，生產力。
為國家，競爭力。
群相聚，親和力。
求個人，生命力。
廣結緣，行天下。

照顧腳，路始遠。
一念錯，一生榮譽。
可毀滅，可懺除。
今罪業，今從我。
世好事，世壞事。
身做起，自改起。
今從我，今從我。
人價值，在實現。
今做事，今從我。
在服務，世大義。
心秉此，生無愧。
人我援，地天堂。
友鄰助，處處淨土。
世天堂，在家中。
人淨土，在心中：

財擁有：有內心之享受：

人依仁載脈：人會群融和之善緣份。

人會觀自心：觀自心之心靈：

人會讀書：讀書之益：養性：

人會行仁義：行仁義之事功：做道德行善：

人會說諍語：說諍語之位祿：逆言說：

人會聽：聽之聲音：得正當：

之飲食：吃無味：

人會看無象：想宇宙之空想：人無邊何煩苦：

有眼睛莫人看：莫人看自己心：宜反觀自己心：

有嘴巴莫人說：莫人說自己事：宜檢討自己事：

提得起放得下：其心胸坦蕩蕩：

提不起放不下：其心中長戚戚：

提得起放不下：其心門狹窄。

和藹容：見人者，
得人者：謙沖氣。
處人者：待人尊，
恭敬心，待人者，
得人敬：讚美言，
和人者：得人緣。
君子交，以道義，
小人往，以禮貌。
鄰友睦，以誠信，
部屬待，以協惠。
立社會，生產力，
為國家，競爭力。
群相聚，親和力，
求個人，生命力。
廣結緣，行天下。

照顧腳，路始遠。
一念錯：可毀滅，
一念善：可懺除。
今罪業，今從我，
世罪業，自改起。
身好事，今從起，
今做事，世壞事。
人價值，人實現，
今大我，人意義。
在服務，世大眾，
心秉此，生無愧。
人我援，地天堂，
友鄰助，處淨土。
世天堂，在家中，
人淨土，在心中：

凡夫心，是聚財。
德人心，是仁義。
公僕心，是安邦。
道人心，是救世。
自省心，人無過。
謙虛心，人無驕。
感恩心，人無損。
服務心，人無愧。
天下物，物應歸。
天下用，天下得。
財應還，天下財。
人心中，存感恩。
身道義，自然長：
人心中，存慚愧。
世人事，定團結。

人戰場，是世界。
人學堂，是社會。
人妙方，是佛道。
人寶藏，是信心。
人事業，是健康。
人智慧，是讀書：
人善惡，是心念。
心量小，煩惱多。
多痛苦，增煩惱。
喜悅增，增福德。
父母安，頤養年。
兒女安，健康長。
夫妻安，和睦處。
事業安，經營當。
令喜愛，勝畏懼。

令畏懼，勝讚美。
令讚美，勝尊敬。
令尊敬，勝懷念。
世間事，力不爲：
難易哉：否難易：
易易哉：無絕對：
天下人，無絕對。
賢愚哉：待用心。
愚者賢，否賢愚。
以孝養，去奉親。
以澹泊，去明志。
以勤儉，去生活。
以笨拙，去學巧。
以耳聲，去止謗。
以清淨，去遠色。

以慎言，去防口。
以病患，去惕己。
以興趣，去讀書。
以疑情，去窮理。
以責己，去進德。
以誠心，去睦友。
以創業，去奔勞。
以立志，去宏願。
以擔當，去承事。
以無愧，去做人。
以智慧，去除惑。
根不壞，縱荒地，
可開花，心不死。
雖絕處，可逢生。
要立身：立萬世。

不敗身：要做人。
做千秋不朽人。
名利何？多種解：
人遠親，能灑脱。
若避開，能洞察。
心澹泊，少憂惱。
若放下，少是非。
世名利，生死纏。
上等生，受師讚。
忍耐前，奮圖強。
受師勵，次等生。
下等生，受師磨。
力成長，劣等生。
鄙師教，事叛逆。
先有己而後人。

是小人：先有人
而後己：是君子。
有真心：有熱心。
贏人心：有正念。
有道念：敗邪念。
鳥棲樹：樹倒飛。
魚活水：水涸土。
花開春：春去謝。
人立信：信喪敗。
人有錢：不善用。
反被役：人無錢。
心滿足：反有增。
正善念：體天心。
揚人性：多美好。
邪惡念：小壞名。

大亡家，多戒慎。
去邪惡，守正善。
受讚美，不過分；
過分失，得意事。
不多為，多為敗。
人爭氣，並非爭：
時傲氣，千秋正。
人求利，並非利：
時傾聽，眾生福。
善私利，人受不只：
增善識，人不歡喜：
會辦事，人受用：
增力量，易成功：
看人用，判得失：
以恬淡，以樸實。

是隱士，之風姿：
是莊嚴，之無華：
以長者，之風範：
是君子，之風度：
以謙虛，之謹慎：
是勤奮，之精進：
以勇者，之關愛：
是慈悲，之風骨：
以仁者，之公德：
是正氣，之公道：
以正義，之風行：
是仁者，之風……
悲觀者，謂人生是苦酒：
樂觀者，謂人生是樂觀。
仁善者，謂人生：
謂人生：

是清水：愛世者。
謂人生：是甘露母。
上等妻：賢良母
家睦鄰：中等妻
輔助夫：增生計
下等妻：嫌三四
怨不停：劣等妻
話是非：潑辣德
人財富：卻非是
永久友：永財富
但卻是：是靠人
發掘才：統御眾。
非制度：非個人
是制度：是珍惜
惜福報：是珍惜。

現在己：廣結緣。
是豐富：未來己。
無事時：有事時
明淨心：堅定心
人應有事時：人應有
得意時：失意心
澹泊心：錦泰心
人應有事時：人應
閒暇時：忙碌時
人應欲心：人應強身心
工作時：人應有
閱讀心：體閒心
人應時：娛樂心
對大眾：心不滿。

當必遭，眾遺棄：
對因果，心違背，
認目前，世不滿。

是短暫，望將來，
光明路，永平坦。

人間事，難圓滿。
有殘缺，始完美。

人生老，病死苦。
尚還有，貪恨苦。
情愛滅，難捨苦。
緣生滅，不執著：
何處苦，看灑脫：

身處世，理事和。
尚還有，人際和。

自犧牲，委屈全，
不傷人，是忍力：
去猜忌，捨驕慢，
不犯人，是耐力：
自觀照，知因果，
不怪人，是慧力。

爲醫生，救人仁。
爲軍人，救國仁。
爲公僕，救民仁。
爲僧道，救世仁。

對親友，和家人。
要關心，照顧人。

對自己，和生活：
要滿足，和自律：
對社會，和國家：

要結緣，力貢獻：
對工作，和事業：
要主動，和勤勞：
對死敵，和仇家：
要原諒，和包容。

以佛眼，觀世苦。
以佛口，說善語，
以佛身，近鄰友，
以佛心，利生事，
以佛鼻，聞花香。

恨煩惱，不化怨仇。
是世上，聰明者：
他人喜，當心歡，
是世上，最快樂。

讚美人，如花香；
氣芬芳，而怡人。
幫助人，如冬陽；
濟適時，而溫暖。
有信心，如舟航；
乘長風，而破浪。
人希望，如滿月；
照明亮，而美好。

與人交，有情義；
爲人謀，有忠信。
待人誠，有俠氣；
看人溺，有愛心。
世人生，以無常。
爲警策：爲身執事：
以盡心：爲有功：

人交友，以信用。
爲誠守，身治家：
以尊重，爲首善：
人遇險，以不亂
爲定力，爲濟世
以慈悲，爲根本。
拒絕事，有藝術。
以關懷，對無情
以溫柔，對無禮
以委婉，對生硬
以笑容，對憤怒
以慈愛，對殘酷。
知感恩，懂珍惜
富有人，有肚量
能包谷，豁達人。

人之生，前世造
去改造，人之老：
無常律，去接受：
人之病，必然形
去承擔，人之死
神識轉，去面對。
鸚鵡般，人云云
秉主見，小魚般
朋儻聚，承責任
啞羊般，悵威勢
持正義，家犬般
知忠守，不貧去
上等夫，風趣默。
猶春風，拂萬物。
中等夫，不苟笑：

248

猶夏陽，蒸大地：
下等夫，怪你他：
猶秋風，掃落葉：
劣等夫，瞋嫉暴難：
猶冬雷，帶災難。
春天裏，花紅綠。
顯美好，夜星空。
星月輝，宇宙浩。
想成功，當偉人。
志大事：想成道。
證佛果，願度眾。
修人我，不計較。
修彼此，去比較。
修處事，有禮貌。
修見人，常微笑。

修吃虧，得便宜。
修內心，無煩惱。
修口言，多說好。
修交友，成君子。
修世人，皆成佛道。
苟若此，用錢淨土。
錢得正，用錢恰當。
利無害，用錢淨土。
用不當，害無利。
人所以，難消解。
因知多，煩苦難消解。
裝聲啞，人所以。
神顚倒，我執強。
難放下，裝糊塗。
化貧欲，爲善捨。

- - -

化瞋怒，為慈悲。
化癡闇，為光明。
化妄想，為正念。
一念慈，萬物善。
一念瞋，千般惡。
劣根性，要去掉：
謗評人，暗祝福：
壞習慣，不能有。
本性中，心私鄙。
分別心，發喜怒。
感官內，受哀樂。
境界裡，亂真假。
事盡心，省不疚。
呈時忿，憂百年。

人才華，不嫉妒。
自因譽，引為恥：
莫因能，得忘形：
人讚譽，是敗種：
不因謗，是成機。
承棋逆，瞋怒目：
以微笑，使煩惱：
得解脫，以微笑：
使頹唐，以微笑：
得安適，以微笑：
使悲傷，得安慰。
性清淡，可養壽。
少食怒，可養神。
無爭求，可養氣。

抱理想，可養志

不貪色，可養身

常運動，可養體

遠嫉忌，可養心

喜濟世，可養德

懷慈悲，可養仁

勇拯溺，可養義

悟天空，可養玄道。

通人忌，是能才

不不變，為庸才

忌不敬，是真才。

不被敬，是凡才

敬不慢，為聖才

人嗜欲，障身道。

離解脫：染三毒

害人體，遠清淨。

忙枝節，些小事：

忘堅持，大目標：

貪眼前，微利益

忘追尋，遠安樂。

人之心，可成聖

天光明，也可莊嚴

大道場，漫硝煙

是烽火，人之心

大戰場：質產品

可成為，大工廠

美良好，是大溫床

也可以，是劫賊：

殘盜匪，大溫床。

心無事，是天堂。

是花香：妙語讚
是天籟：是音樂：
心包容：是天堂：
是光明：是無貪：
是快樂：是幸福。
人心中：有歡喜
看賞心：悅目色
人心中：有禪定
聞心中：有詩偈：
人八方：有聖佛法
行心事：結善緣
事忙人：無妄想
性閒人：無快樂
人好人：無怨恨
心壞人：無情理。

有智人：無煩惱
是愚人：無知見
行邪人：無正念
本正人：無歹意。
悟心空：無煩惱
事環境：性身定
無障礙：物束縛。
人之心：煩惱本
莫六根：作賊使
得時時：反諸己
萬不在：六塵轉：
不當聽：莫耳聽
不當看：莫眼看
不當說：莫口說
不當聞：莫鼻聞

不當近，莫身入。
不當想，莫心妄。
不造業，何煩惱。
付關愛，不回報。
寬容讓，不瞋恨。
分別擇，不愚癡。
謙恭和，不傲慢。
想壞處，不好處。
下等人，無善惡。
中等人，記恩德。
忘仇恨，是上人。
因求名，是心貧。
貪喜施，爲心富。
聞思修，啓迪智。
貪瞋癡，去淨靈。

以知足，去填充：
心慾望，猶溝壑：
心懷胸，始寬大。
小心眼，遠離了。
始淨化，善嫉妒。
去除私，其身心。
人成面，瞋恨心。
線成人，決聽線。
閒聽人，漏成詳：
邪成明，諦聽人。
善成正，劫不復。
千古忘，去向魔。
萬家慶，百福臨。
心向佛，……

性瞋怒，猶高山，
以慈悲，去超越：
以顛倒，猶瀑流，
以正見，去橫渡：
以愚癡，猶堅冰，
以智慧，去消融。
我執除，始與眾
和諧處：法執除，
始和理，相契心。
苦之本，是因身。
離我執，是為心：
惑之源，始安樂：
去法執，得自在。
人非淡，難明志，
性非靜，難致遠。

心非學，難廣才。
志非勤，難成專。
眞寶藏：非山海，
隱自心：正佛道，
非經口，在己心。
莫遠求，亡心得。
務貪求，做人病，
言說多，涉世病，
謀計多，用心病，
費支多，居家病。
諸惡始，心之貪，
遮障由，心之瞋，
眾罪源，心之癡，
眾失本，心之慢，
事喪因，心之疑。

執愚昧，心之迷。

欲猶海，貪之戒。

忿若火，嗔之戒。

情如迷，癡之戒。

貪嗔癡，慢疑迷。

毒味消，人會死。

喜時言，多失言。

恕時言，多失禮。

哀時言，多失常。

樂時言，多失態。

傲不長，長人厭。

欲不縱，縱人傷。

志不滿，滿遭怨。

樂不極，極生悲。

愚外境，追時樂。

苦上苦；智內找。

永恆安，喜無窮。

智愚選，人心明。

愚昧人，仇人遇。

待不公，才不遇。

聰明人，以才來。

考驗他，創環境。

愚癡源，是我執。

先學道，學無我。

放身心，則無我。

眞理光，照心頭。

不心比，何氣人。

將心比，感親人。

世人生，有五美。

賞天下，奇景地：

讀天下，奇稀書。
看天下，奇特人。
觀天下，奇怪事。
人一生，猶負重。
奔遠程，莫心急。
志大事，當忍耐。
不忿怒，何樹敵。
先明敗，始得勝。
求挫折，難成功。
困頓中，圖發展。
但不可，終將起：
多結緣，人際好。
本道德，守仁義。

天下事，手掌握。
惜感恩，湧泉報。
惜結緣，心情願。
惜生命，建淨土。
惜愼言，心領會。
惜施捨，法界遊。
惜發心，踐慈愛。
起恨心，苦溫床。
有貪欲，紛禍源。
遭謗時，不瞋怒。
轉勤力，有疑惑。
不癡迷，悟道理。
不妄動，動有道。
不濫言，言有理。
不苟求，求有義。

不虛行，行有正。
樂何喜，喜極悲。
苦何苦，苦盡甘。
樂與苦，心起滅。
因心定，定苦樂。
認為樂，何有苦。
在心海，浮沈中。
有挫折，是必然。
隨機緣，尋出路：
在娑婆，紅塵裡：
給人喜，是結緣：
有所為，是奉獻。
人病態，是執著。
是功利，是自私：
醫良方，要放下：

要寬恕，要仁公。
心有己，不會樂。
眼無人，終失敗。
讚美語，像香水。
只一滴，彌四週。
一誠意，像宏鐘。
輕一敲，撼八方。
人比較，心自卑。
因不滿，而痛苦。
人知足，而幸福。
從感恩，而快樂。
把喜怒，將快樂。
放在人，痛苦上。
毀譽上，悖仁義。
非道德，當自省。

憤怒時，要閉嘴。
緊張時，持鎮靜。
如果想，人際好；
喜對方：如果想，
學業好，心投入。
人事好，往好想；
必快樂：心處處，
往壞想，必痛苦。
問自己？否真誠。
待別人，莫求己。
否不負，愧對己。
先不忠，人何負。
在職責，莫小己。
在權利，莫膨己。
在工作，要強人。

在績效，要勝人。
把喜歡，施給人。
己快樂：將煩惱，
傳給人，己痛苦。
人與人，絕沒有；
解不開，人與事，
只因私，化不開，
絕沒有，只因執。
心痛苦：是美德。
人之勇，根道義。
但必須，人之仁。
否匹夫，人之勇。
是慈愛：但必須，
有智慧，否婦心。
人為己，生煩惱。

既愚昧，復痛苦：
心爲人，去著想，
既明智，復快樂。
人常笑，能卻疾；
人常喜，能忘憂；
慈能樂，仁能拔苦。
消十分，大光明：
得一分，心煩惱；
除十分，大煩惱，
得一分，大智慧。
向別人，多點頭，
頭始抬，向別人；
多彎腰，腰始挺。
人眞正，是君子：
智愚判，人眞正。

是小人，善惡混；
是君子，明暗分；
是小人，黑白昧。
人之惑，惑於私；
去私明，人之病。
病於惰，發言論；
情緒化，去惰勇；
逞時快，無好果。
理智言，話三思；
有條序，得圓融。
讓私情，損誤己；
不應該，使私欲；
侵別人，罪滔天。
言多厭，言虛薄；
言輕辱，言失怨。

人虛偽，於人己
害無益：人真誠
於己利，利無窮。
好嗜欲，競心生
好人己，貪念起：
好利養，利無窮。
好阿諛，我慢高
好勝負，我慢高。
書擇讀，開卷益
人擇交，近賢聖
言擇聽，明是非
地擇到，行無險
教擇信，心不邪。
有道情，發人性
有理智，昇靈性。
若對人，感抱愧。

是恕道：若對己
覺不足，是勵志。
心常憂，天地窄
心常怨，到處仇
心常哀，自己縛
心常怒，冤家對
人隨便，去承諾
會造成，彼此害
人造成，性嚴謹
會呆板，雙方離
聖凡分，在一念
品高低，在己為
人謗我，與其辯
不若容，人侮我
與其防，不若化。

修人我：自在是
神足道：人看破是
苦是是：天眼通：
辯是非：分明是
天耳通：能皆大是
歡喜是：他心通：
悲同體：共生是
宿命通：漏盡通。
清靜是：廣見聞
不是非：是厚道
辯人是非：是高見
揚己善是：非修德：
隱己惡非：是報恩：
明賢愚是：眼清
讀詩書是：口清。

納忠言：是耳清
容他人：是量清
通古今：是識清
判忠逆：是心清
知彼此：是肚清
原天下：本無事
俗庸人：常自擾：
放得下：世太平
放不了：紛爭多：
心妄念：身妄動
口妄言：非君子
難存誠：不欺己
不欺人：不欺天
是君子：可慎獨
人心中：隱罪惡。

刑法律：難懲治：
良心獄：勝明牢：
害人徒：受天譴。
因果得：不容疑。
眼直明：明不誤：
口宜謹：謹不妄
膽宜細：細不禍。
氣宜平：平不執：
是非事：萬莫起
損人言：萬莫說。
虛妄想：萬莫做
不義人：萬莫交。
世人語：最難聽
是讚諷：世人言
最好聽：是讚美：

世人音：最動聽
是掌聽：世人心：
最耐聽：是寂靜。
門窗閉：絕外緣。
心靈窗：偏限思。
世人心：仗仁義
親友心：婚喪事
急難生：不諫邀
協解困：功無量
人心理：不黑暗
怎能顯：光明面
伸正義：不受謗：
怎得出：品芬芳。
莫怨己：不如人。
不如我：世太多：

莫誇己，可勝人。
勝過我，世難數。
多言多失：事不言。
機必誤，禍從何。
禍不嘴，福自來。
言閒事，看何情。
仗義行，管何事。
說閒話，似不妨：
有益人，又何各。
利害時，看操守。
饑疲時，看精力。
喜怒時，看度量。
震驚時，看鎮定。
人富貴，不著心。

人仁孝，不離口。
人貧困，不忘恥。
人自己，不效恥。
縱自己，惡易生。
揚人德，種福因。
益事德，積陰功。
人世眾，不積功。
自知命，不怨天。
世反省，究尤因：
多紛天，盡根人：
人脾氣，化志氣。
人意氣，化才氣。
人怨氣，化和氣。
人生氣，化爭氣。

不秤己　難量人：
不忍己　何諒人
不明己　怎知人
不問己　豈詢人。
煩惱生　因計較
想安穩　心無爭。
知退讓　事境遷
互相爭　蜜月期
彼此爭　各逞忿：
互不諒　合作難
不計較　人小事
心靈上　少負荷。
不聽人　私聞話：
心理上　無餘波
不損人　隱德事：

觀念上　有何愧
不害人　權利益
認知上　心坦蕩
人忍饑　以明志
人忍貪　以去吝
人忍氣　以增德
人忍辱　以負重
眞耳聽　無邪聞
眞目視　無錯識
處順境　之美德
是制欲　不放縱：
處逆境　之美德
是忍耐　不抱怨。
心唯有　眞懺悔
誠悔過　始德新：

人唯有，謙沖牧。
尊他人，成美事。
人揭發，人隱私。
是語言，最可恥。
人行為，人卑劣。
是打擊，人最善。
世上非，世上人。
說是非，最無聊。
最愚癡，聽謠言。
人自負，無人用。
人自愛，保尊嚴。
人傲慢，不歡迎。
人謙遜，贏敬重。
事無爭，非不爭。
但能爭，不願爭。

心無求，非不求。
但能求，不願求。
爭與求，善用德。
對待人，應該在。
有過中，求無過。
對自己，應該在。
無過中，求有過。
忍耐力，以處眾。
擔當力，以負責。
親和力，以待人。
禪定力，以安心。
口說話，猶射箭。
射出去，難收回。
故慎言，心煩惱。
猶野草，生了根。

燒不盡，故防心。
不貪污，以喜捨。
不抱怨，以仁慈。
不懶惰，以勤儉。
不執著，以明理。
人修行後，始清涼。
人寒冷後，始飲冰。
人學道後，猶橄欖；
人澀酸後，始甘甜。
罪惡中，之罪惡；
非罪惡，勤努力。
固善美，罪惡中；
之努力，非善美。
可爲惡，但不爲。

即是善，可行善：
卻不行，即是惡。
樹毀滅，因根腐。
人毀滅，因喪心。
有恆心，成功本。
急惰心，敗事因。
先心安，則寧靜；
心寧靜，則心安。
故心性，修之本。
不說傳，是非事。
不怕聽，是非情：
有是非，當面對：
無是非，遠避談。
仰望大，痛苦多。
希望小，失望少。

悟無常，人物變。
悟煩惱，水月花。
悟生死，超輪迴。
悟世苦，脫五行。
遺憾事，萬莫失。
張功行，多去行。
職業德，不可失。
憑良心，本道行。
陰陽炁，化育物。
秉性理，萬類生。
無愧心，皆因道。
守心德，任有行。
人擁有高知識，
而若無道德心，
但徒增害仁義。

本天良，益眾生。
尊孔道，揚仁德。
親友睦，得相援。
寧吃虧，勿損人。
生活儉，樸勿華。
衣食潔，身心爽。
友相處，遺實識。
不相套，協立業。
身載道，德化人。
仁潤心，行俠義。
處群體，受眾仰。
消孽障，度化人。
廣流傳，印善書。
積陰功，事業榮。
非迷信，千眞實。

君困惑，望行解。
言語出，拙勿巧。
善表達，誠意先。
人負我，懷讓宥。
我負人，悔欺償。
惘情結，迷心通。
揮慧劍，斬戀絲。
情心毒，不藥癒。
否陷陣，何倆創。
友臨難，力濟扶。
翻身起，莫忘饋。
迎朝暉，賞晚霞。
彩虹吟，時光美。
聞讀書，藝文研。
得情趣，輟難功。

兒女福，自拼鬥。
爲父母，何勞愁。
力裁培，靠人倒。
家團體，同舟濟。
獻心力，彼不援。
恃吾有，志自強。
昧先立，難得功。
貌不揚，有美德。
體形醜，心仁慈。
進天堂，入地獄。
善惡分，天定律。
勿置疑，妄言譴。
大千世，清涼風。
夜仰觀，天星空。
抛塵俗，復靈性。

做人有高品格
懂禮貌知進退
講操守秉公正
明謙恭守誠實
富愛心睦親友
何謂心？主宰身。
宇宙體萬物源
有惻隱有羞惡：
有辭讓有是非
俱稱人道德性
樹培根德種生
道德經老子謂：
大道廢有仁義。
智慧出有大爲
親不和有孝慈：

國世亂有忠臣。
劫變臨時顯出
我非我？我無我？
我何我？我無我？
我是誰？誰是我？
心無心？心空空？
空忘心？亡心空？
道心亡？心道亡？
得何得道遠得：
得有得得不得
研科技之所揚
爲科技變世物：
性難易但人類
之所以爲人類
易世物性不變：

人主宰，非科技。
若科技，人宰人。
人非人，人變物。
物主宰，人何人？
聲光電，神魔飆。
閃動玩，奇怪物。
現眼前，皆虛構。
莫眩惑，不失人：
人因性，性合天。
天人合，合天真。
人心性，性是真。
阿人稱，是讚美。
非貶詞，為暱情。
商賢相，尊阿衡。
伊尹號，列崇榮。

有問題，面對解。
無狀況，思古今。
人無慮，有遠憂。
處無事，安危想。
世平常，千奇怪。
凡行業，守道德。
知是人，誰道德。
難謂仁，變禽獸。
時代演，科技前。
人是人，永不易。
儒教人，求放心。
守悟解，不外找。
人可憐，王婆苦：
昨尋難，罵到今。
何謂難？名利也。

權勢也，懷疑也：
申言之，愛憎也：
情也，煩苦也：
桃花源也，武陵人：
世仇爭，少血肉？
心無俗，反覺苦。
沒有難，性不淨。
塵市人，日求尋。
變易情，無非心。
男女婚，週年紀：
五年慶，爲木婚。
十年錫，十五年。
水晶婚，二十磁。
二十五，謂銀婚。
三十年，珍珠婚。

三十五，珊瑚婚。
四十年，紅寶石。
四十五，青玉婚。
五十年，金婚慶。
五十五，綠寶石。
六十年，金寶鑽。
六十五，黃金珠。
七十年，白金婚。
七十五，金寶石。
八十年，彩虹鑽。
期頤享，壽仙福。
新科技，月月異。
人生活，輔助品。
不爲役，算高明。
衣樸素，何名牌。

免追求，活健康。
窮富看，心達觀。
失人道，天道難。
修人道，得天道。
故人非，爲物役。
物役人，失性天。
人役物，得天性。
天人性，性合天。
練書法，揚國粹。
藝習精，宏中外。
那根筋，不對勁。
性情緒，莫妄發。
表面柔，內心剛。
抑內方，或外圓。
強弱分，言行別。

性中人，內外一。
誠於外，發於心。
始終守，奠功基。
大智慧，平凡化。
容和藹，德賢俱。
行惡人，不回頭。
執替您，救苦難：
心念轉，多施善。
不食葷，松柏貞。
桃李艷，橙橘馨。
梨杏甘，濃淡別。
日久分，苦樂共。
猶交友，倫理情。
孝道心，人發揚。
世上人，人發揚。

講忠恕，論仁義。

明道德，忘難人。

世紅塵，千百怪。

似蜂湧，趨潮流。

哈何族，看榮向。

但不外，惟風本。

科幻世，新時代。

電資訊，餵飽囊。

性麻痺，知覺失。

受炫惑，人非人。

人不忘，人是人：

惟多讀，古詩書：

新人生，三字經

復人性，不爲炫。

能方便，不方便。

大損德：能積德。

不積德，大缺德：

可行善，可行善。

是積惡，可行惡：

避行道：避行道。

人世間，情與慾。

愛世恨，永難分：

勸和人，要看開。

莫糾纏，無煩惱。

不沈潛，何飛揚：

不入俗，何學習。

不虛心，何得竅。

不身低，難升高：

世上事，無巧妙：

在年少，多謙卑。

超限想，本正取。
背天理，得果慘。
人做人，頂天地。
行善德，作聖賢：
否惡為，背朝天。
禽獸魚，下場慘。
人耐得，性向孤冷。
近春風，向太遠。
小說家，為體驗。
生活情，則扮演。
身份異，去領悟。
然著筆，始真實。
處天下，中之土。
昔神州，華之夏。
正氣歌，民之魂。

滿江紅，國之靈。
美河山，人之地。
文史久，心之潤。
兩岸合，望之強。
分久治，統之富。
漢唐風，民之儒。
世太平，主之和。
身紅塵中，猶海棉。
在水中，吸養分。
知學習，何處無：
研文化，非課本。
深入境，隨流俗：
知探討，融合一。
世上人，為誰活。
活為己，始謂人？

自不活：何爲人？

人不活己，始是爲人

人不活人，活爲人尊。

是聖人，看世人，

善良人，看世人，

無不善，無不惡：

看世人，邪惡：

化世人，爲善良：

世上人，無不好：

好人心，人人有：

有人心，慈悲心。

道義心，德人心。

生活中，有挫折。

何人免，則可用。

勇面對：接受它：

善處理，心拋開。

人慈悲，沒敵人

人智慧，沒煩惱

人寬恕，沒閒尤

人道德，沒怨氣

人仁義，沒恐懼

人忠孝，沒阻礙

人吝嗇，沒憐憫

人有愛，沒醜物

人誠信，沒欺詐

人無識，沒明達

人愚昧，沒通情

人執迷，沒悟理

人浮躁，沒偉業

人剛愎，沒才用

人器度，沒智慧；
人得緣，沒庸俗；
人慎獨，沒思情；
人孤處，沒妖邪；
人正氣，沒愁擾；
人守道，沒魔纏；
人鍛鍊，沒病侵；
人勤儉，沒貧窮；
人知趣，沒取辱；
人力學，沒痴呆。
紅花紅，翠葉綠；
問上天，明月處。
千山老，一人新；
忘間氣，一身輕：
不人生，塵埃纏

付一笑，風吹無：
看老運，賞新花，
藍色調，何人家？
人百態，花飄零，
明究竟，心修行，
生猶夢，世浮沈，
昧明月，看今朝，
海中月，無今朝，
來世緣，今生憶，
飛上天，游水中：
道相異，心相同：
處天地，秉虛心：
世茫茫，皆有情：
禪非外，在人心：
何遠求，敲內鐘：

276

山相望，天一方。

水長流，情更長：

人間愁，世悠悠：

山水遠，春不留。

天作孽，猶可達；

自作孽，不可活。

給心善，給得善。

給方便，給得佛。

慈悲念，百福基。

積蔭德，萬善門。

愛兒心，保富心：

必至孝，必至忠：

以愛國，必至忠。

責人心，不責己：

必昧省：恕己心。

不恕人，必昧咎。

人成敗，不得失。

能仆起，是人雄。

旁觀知，局內情。

性躁粗，事無成。

心和平，百福集。

得穀食，勤耕種。

得智慧，勤力學。

得厚福，勤捨施。

得長福，勤仁物。

贈益言，勝金帛。

聽人勸，勝自省。

人爲善，身不昌。

因祖上，有餘殃。

殃盡報：人爲惡。

身不滅　因祖上

有餘德　德盡殃

以忠孝　遺者昌

以奸巧　遺者亡

以仁德　遺者興

以刻薄　遺者敗。

是人性　知仁義

是忠臣　不二主

是孝子　不二親

是義士　報國恩

是炎黃　講志節

是僑胞　為祖國

是國人　守孝悌

是人身　遵道德

是人類　百工業

能相爭　不互損

何專家？　悖非人：

能成敗　是人傑

能伸屈　是丈夫

能苦樂　是英雄

能大小　是好漢

大窮富　是條龍

真丈夫　窮鄙富

人英雄　幼小微

人好漢　自受勞

為豪傑　体貧味

身沒錢　不丟臉。

心歹意　羞祖德。

不腫臉　充胖子。

不虛假　見真情。

不孝親，子難我。
我若不親，子反想。
循環理，自反明：
子事難，疾致侍。
養非親，謂悖禮。
愛非親，謂悖德。
富不儉，貧時悔。
少不學，老時悔。
閒不做，忙時悔。
醉失言，醒時悔。
關名節，見不言。
傷忠厚，戲勿言。
談人過，非厚道。
辯己是，非高見。

誠待人：
詐待人，事不諧。
人被愚，日後諒。
貧不勤，難長久。
富不儉，不長久。
玉在泥，不染污。
德行正，不亂心。
松耐霜，不涉危。
履險地，智步穩。
天可度，地可量。
人可道，忘可易。
佛可得，空可成。
心可有，無可測。
酒食友，千個得。
身危處，一個無。

279

伸援手，義稱雄。
善書讀，養性語，
利身器，金律言，
穢書看，污心靈，
易邪念，應心目，
罪君子，難得殃。
罪小人，易諒恕。
是君子，彼反怨，
是小人，爲君子，
願世人，睚皆報，
勿小人，視萬物。
爲君子，看人處，
無不美，居乎仁：
無不善，視萬物
但小人

無不醜，看人處：
無不惡，居乎心：
小人恨，化恨上
爲仁心，故恨上
無小人，若仁心
變殘域，則世上：
皆仁域，若恨心
易蠻心，則世上：
皆仁域，人人聖：
今慈心，應運世
倡孔儒，行道德
化蠻域，爲仁地
望人類，佛面心。
問後世，諸因果。
看今生，善惡行。

善心行，天不負。
惡心起，人遭殃：
日行善，福未至：
禍自遠，人行惡，
禍未至，福自遠。
算什命？問何卜？
欺人禍，饒人福。
逢巧處須藏些獸。
人修心行善。
行欺心枉吃齋。
處倫常勿乖舛。
身族鄰要和諧。
法院門休出入。
防是非莫開口。
性強暴必遭災。

無貧富，正心修。
紅塵客，彈指無。
石崇富，一浮蝣。
韓信謀，空無奈。
春花落，鶯白頭。
瞬時遠，變今時遠。
楚烏爭，今時遠。
王謝燕，堂前去。
幽閒情，山林隱。
學陶潛，撫琴吟。
醉來臥，北窗前。
張子房，赤松遊。
何榮封，萬戶侯。
忍耐歌，莫歇唱。
一朝忿，千秋憾。

鬥性強，禍惹生。
身家勢，命遭危。
休逞著，結怨仇。
讓一忍，有何妨。
百年暴發，悔難了：

狠發坐，何你我
望行雲，悠悠盪
看白山，含笑美
俯遠寰，燈火明
心澄然，空無物

天地人，神契合。
人道高，龍虎伏。
人德重，鬼神欽。
人白髮，同齡稀。

青松淡，無豪華。
善猶松，惡若花。
人有善，人敬服。
人無求，人情好。
地不長，無根草。
天不生，無用人。
一相得，千燈油。
一將名，萬骨枯。
一顆菜，百層工。
一粒米，千滴汗。
事得理，莫巧言。
事直說，勝苦言。
獨寂寞，苦夜長。
共歡樂，嫌夜短。
人体朽，心性衰。

有朝日，嚴霜降。
只青松，不見花。

善猶田中土，惡猶犁頭強。
田中土年年在，犁頭年年消。

福頭造，禍己為。

暗虧心，神目電。

人私語，天聞雷。

飲酒多，血氣亂。

食淡薄，神魂安。

有耳鳴，得潤腎。

目眩花，當治肝。

性節慾，体衰晚。

心少思，身得安。

常撞頭，健神髓。
身豎氣，保形体。
吐呵臥氣，去積毒傷体。

飽食氣，傷筋体。

寡言語以養氣，
寡思慮以養神，
寡嗜慾以養精。

精生氣，氣生神。

若精絕則氣絕，
其氣絕則命絕，
精氣絕則難生：

惜愛守寶壽長生。

儉於慾以養精，
儉於忿以養氣，
儉於目以養神。

283

儉於聽　以養虛
儉於言　以養心
儉於嗜　以養廉
喜傷心　怒傷肝。
哀傷肺　懼傷膽
愛傷神　惡傷情
欲傷脾　戒多用。
去喜情　化元性
去怒情　化元心
去樂情　化元神
去慾情　化元精
捨五欲　壯五元。
身心善　精神爽
形色慈　臥眠安

身脾善　唇朱潤
知味美　便黃亮
身肺善　聲音亮
膚潤澤　呼吸勻
身腎善　不午熱
便水清　口唇潤
症明五　薄滋味
節嗜慾　惜元氣
戒喜怒　輕得失
省思慮　簡言語
破憂沮　制妄想
儉視聽　養心氣
人守此　壽百歲
否早喪　惜命得
晨起茶　振精神。

飯後茶，助消化。
忙中茶，去煩躁。
工後茶，消疲勞。
春後花秋得月，夏後風冬瑞雪，無間事掛心頭，日日得好時光。
雙親愛，心不忘。
雙親惡，懼無怨。
高堂過，諫不逆。
言以禮，動以禮。
爲君子，不守非。
居處恭，步立正。
容貌莊，衣冠整。
視聽端，人敬欽。

學然後，知不足。
教然後，知識少。
學無止，人到老。
身不老，尤要學。
人勤老，身何老。
不勤學，無以智。
不勤敬，無以仁。
不勤難，無以勇。
友共樂，同其憂。
友共安，拯其危。
失足人，失其人。
失口人，君子惕。
視以禮，聽以禮。
爲人子，出必告。
返必面，遊必秉。

身必業，無愧人生。
不事親，難爲子。
不順親，難爲人。
不報親，難爲孝。
益友三，友正直：
友諒恕，友多聞。
損友三，友便佞。
友善柔，友便妄。
君子友，以同協。
小人友，以同損。
友共業，負成敗。
有共利，無私得。
猝然臨，心不驚。
無故加，氣不怒。
人立世，謂大勇。

見人爲，不義事：
立勸止，知不勸。
勸不止，過咎甚。
人我際，看得平。
得失力，看得淡。
秉至誠，是學問。
口才拙，尤感問。
實待人，益人己。
虛待人，損己人。
言無信，難做人。
行乖謬，難爲事。
以百萬，去買宅。
以千萬，去買鄰。
以和鄰，勝遠親。
以敦睦，勝友情。

以忠厚傳家遠，
以詩書門第長：
以仁義世人倡，
道德，魔難道。
正魔爭，邪難道，
明邪奪，明難正，
善惡行，惡難善：
暗算人，天懲嚴；
暗箭人，地獄判：
光明人，非暗事。
磊落人，天地佑。
恃奢人，富不足，
勤儉人，貧有餘，
性奢人，心常貧。

性儉人，心常富。
濫用費，多費營。
多營費，多求多。
儉人德，儉足用。
儉人求，儉成家。
奢貪求，奢損身。
奢破家，奢之戒。
該當用，不去儉。
慳吝時，何儉省？
分別何？當於理。
謂之儉，分別用？
事之成，在以敬。
事之敗，在以慢。
事之慮，在以詳。

287

事之行，在以力。
事之謀，在以眾。
事之斷，始以獨。
人知恥，始為人。
人昧恥，難立世。
日所為，夜省思。
惡當驚，善當喜。
行好事，心泰然。
行歹事，夜難安。
無愧事，不若身。
無愧身，不若心。
人度量，放寬些。
世好歹，都容得：
視眼界，放大些。
物高下，都包得。

莫責人，所不及。
莫強人，所不能。
莫苦人，所不好。
莫要人，所不要。
不所能，以病人。
不所長，以傲人。
事反躬，人可恕。
時問己，腹無隱。
為常心，行常至。
鍥不舍，金可鏤。
為大事，將功時。
困苦倍，力著後。
一分鐘，必可成。
天下事，在人為。
時挫敗，不毀志。

動思禮，不背仁。
人雖窮，不失義。
身顯達，不離道。
行應世，不悖德。
得聖賢，存仁心。
作豪傑，在仁心。
君子何？在仁心。
言論明：行事明明。
本性明？否小人。
正其誼：不謀利。
明其道：不計功。
與其抑暴戾氣，不若養和平心。
沒事時，心澄淨。
有事時，心堅定。

得意時，心淡泊。
失意時，心舒泰。
体認錢，得不易。
教子女，取用道。
人品好，体健強。
有技長，足立世。
人發財，非命定。
付汗水，機緣得。
不義財，易散去。
血汗財，耐久用。
不為錢，作錢奴。
善用錢，作功德。
人積財，莫如德。
銅味臭，書味香。
勤補拙，儉養廉。

289

實補虛　仁養德。
不告貸　受人敬。
不量出　受人鄙。
不知儲　人難富。
不知儉　人必貧。
人恕人　愈尊貴。
人謙卑　愈高尚。
人好施　愈富足。
人心吝　愈貧乏。
人行善　愈得福。
龍神獸　祥瑞象。
在西方　黑暗陰：
文化異　觀點別：
惟道德　永難變。
是人類　首修身。

次齊家　始治世：
何修身？　人做好。
行正道　去歪歹。
經書言：　首格物。
次致知　三誠意。
四正心　五修身。
六齊家　七治國。
平天下　八條目：
中國人　守此則：
華文化　傳千秋。
人做人　首修身。
昧修身：　何做人：
科幻技　電動閃：
不為役　人是人。
論道統　在華夏。

堯舜禹湯文武
周公旦至蔣公：
一脈傳天得人
道通天身即道
人修身性即理
道即天天良心
理理即得得道
天守正正回天
心人身身載物
道人修修生人
道覆地地性得
天本道道入地
物本道道生人
人至靈靈性得
得完美否入地。

地球上萬般生
禽獸魚物類繁
繁衍綿綿不絕
絕是人人自毀
毀人人性研發
發明性類別多
多益類人福感
感恩人人莫殘
核化人武人滅
殘世武人用行
人求生千類行
大事業小本匠
資本家小本營
身智愚自心判
立塵世百工忙。

情牽惹，煩苦多。
知收放，性自如：
去我執，本客觀：
破痴迷，得以禪
攝妄心，參禪前：
山是山：山非山
坐禪後：山非水
水非水：水無水。
山非山：入禪時
靈空明：天人合。
世萬物，互依存。
相融和，莫偏激
萬物生，不傷損
心妄動，情難了
禪宗何？教別傳。

不立文，直指心
能見性，即成佛：
人悟道，何外求：
身禪修，在定性
眼觀鼻，垂看心
調息氣，化溶無
放萬緣，空空靈
心怎看？得反視
直透內，開孔竅
外不聞，寂淨空。
猶明鏡，放毫光。
為青少，不時侈
守傳統，免奢侈。
身無鈔，智勞賺。
心有欲，正當求。

守本分，樂道歡。
行越規，鐵窗入。
入嗜賭，家業敗。
身無技，謀業難。
出勞力，求生活。
用智慧，為民益。
人有才，身有道，固當人敬。
畫窗外，笛聲揚。
白紙上，書飄香。
心神思，動千載。
性淨明，天朗空。
兩人間，矛盾生。
第三者，和事佬。
化誤會，縫有隙。

不介意，自然無。
紅塵外，心虛空。
物象內，色相無。
內外有，皆惹情。
大千世，莫執著。
論禪修，眼心著。
落何處，明究善。
心在內，心在外。
心在中，不著外。
破妄心，空無物。
物有象，象非心。
世一切，種因起。
心唯識，所變現。
貪嗔癡，心中無。
世何有，妄念生。

293

衣食豐，飢寒臨，非婚子，知後果，少男女，雲雨情，齡二五，否年老，房中歡，娛情樂，精氣神，身缺一，創事業，若無身，不識無

知榮辱，莫盜心，男女戒，莫亂來，愛身體，有限度，始破瓜，神氣衰，知節制，萬莫迷，人三寶，壽難得，靠體力，何致成，知大義。

人讀書，家雖貧，宅富有，有陰霾，埋坎，道守，德心明，生心來，立志無，世上人，遍天涯，修佛法，執著法，有所爲，爲不爲

反不仁，出孝子，多頑劣，不陽光，鬱必疾，通橋，智慧開，人有，怎獲得，是友緣，皆芳草，法無法，難得道，有所不，拿捏穩。

今時代，變化快。
科技研，聲光幻。
人幽默，不呆板。
植花朵，滿心田。
世萬物，供人用。
勿爲役，始謂人。
既是人，守本分。
分際越，難謂人。
亂世人，難如犬。
平安福，惜感天。
爲生計，奔勞忙。
勿貪求，溫飽足。
爲企業，益員工。
謀發展，共得惠。
智千慮，難免失。

愚縱愚，總有得。
給您氣，您別氣：
您若氣，中他計。
人若病，氣悶得。
心身無，疾何生。
娛樂場，彈子房。
吃花茶，戀志喪。
善雖小，當力爲。
惡縱微，莫去做。
昧心事，莫去做。
事若做，人己知。
家人和，萬事興。
兄友睦，創業成。
得人和，多相助。
失人緣，事受阻。

處人群，性圓融。
心內方，不苟且。
在團体，求奉獻。
萬莫作，害群馬。
人朋友，搞陰謀。
被發覺，不恥遠。
主動為，世人欽。
暗語撥，間人和。
罪加等，失情義。
看表相，是君子。
心內詭，不小人。
耍奸計，玩權術。
身處世，損非人。
何謂道？先天地。

不算久，存萬古。
不算老，在虛空。
大千世，無不有。
高太極，深六極：
塞乾坤，滿六合。
看不見，摸不著。
造天地，生萬物。
大無極，小塵微。
未天地，空虛有。
故謂虛，是心齋。
氣空虛，容一切。
人身上，無不存。
行為上，生活現。
何謂德？身處世。
利於人，益於他。

仁本慈，公無私：
頌於生，揚於後。
裔孫榮，世人崇。
身本道，無愧德。
立天地，行於德。
行悖道，身乏心。
人處世，難立業。
立塵寰，坦蕩蕩。
不為邪，行正途。
走偏鋒，終將毀。
非己財，取不義。
路上物，拾送警。
年易老，學難成。
惜光陰，莫輕擲。
事洞明，皆學問。

情練達，亦文章。
琴棋書，畫歌舞。
戈矛劍，刀槍砲。
文武場，誰擅雄。
出頭天，空成幻。
少不力。
書當枕，讀不厭。
無老幼，知古今。
卜於卦，算於命。
自不力，何有成。
人迷信，命受牽。
工不幹，妄想得。
窮賣牛，主心痛。
富不仁，施吝嗇。
少說話，多做事。

人處世，是原則。
話說多，事做少。
非智愚，難得功。
身在世，行歷程。
路之經，閱之遇。
心之想，口之論。
人事物，筆之傳。
文遺益，德之美。
苟認定，世爲人。
沒惡行，自善期。
是歹徒，危害人。
橫暴蠻，非天生。
爲何類，自秤量。
善去惡，許聖賢。
情愛劇，悲喜演。

民族綿，萬代傳。
在世間，人做好。
無愧怍，進佛境。
衣雖美，蝨長滿。
猶雖轉，污蹟染。
生生命，循環替。
自然動，循不止。
死憾早，流何遲。
非心想，歿奈何。
懷仁德，豈順逆。
生天地，本物化。
女雖柔，爲母強。
婦縱弱，壽長夫。
飯食後，百步行。
身保證，活九九。

負心事，萬莫為。
人愧情，恩補償。
天下事，眞眞假。
雲煙飛，眞無痕。
傷烙心，樂無邊。
日算計，苦何有。
網路情，姻緣結。
一夜歡，倆不識。
莫好玩，思後果：
談戀愛，慢了解。
超世代，本理性。
莫頭昏，當遠慮。
事人想，天下安。
爲己謀，紛爭多。
恥之本，在於知。

本若悔，則謂人。
廉之本，在於分。
本若守，則不貪。
忠之本，在於事。
本若心，則心敬。
勇之本，在於義。
本若智，則志成。
愛之本，在於仁。
本若物，則無私。
貧之本，在於勤。
本若儉，則日富。
書之本，在於讀。
本若知，則慧明。
宇之本，在於玄。
本若昊，則宙空。

行之本，在於軌。
本若道，則運轉。
月之本，在於繞。
本若旋，則日現。
星之本，在於懸。
本若繁，則難測。
球之本，在於空。
本若動，則宇宙。
大宇宙，猶人身。
陰陽俱，五行備。
青少年，莫懵懂。
今世代，科技精。
玩電動，網路上。
千幻化，色情炫。
手操變，知識得。

人性具，忘本獸。
是人類，守道明。
知人性，否難人。
心有性，野發洩。
氣爆發，精神爽。
情斷出，任東西。
分手費，鄙言吐。
是窗友，莫欺打。
互切磋，讀研疑。
人生友，宜珍惜。
同學緣，千秋結。
驪歌唱，再會難。
他日見，抱頭歡。
人相交，論情義。
不利害，互協成。

人性何？惻隱心。
明仁義，守道德。
世仁義，難探明。
天良昧，陷入罪。
毀他人，反滅己。
人生夢，破虛幻。
惟現實，求生存。
問人類，非傾軋。
以何法？非盜掠。
非偷竊，非邪奪。
用智力，共謀生。
不勞獲，天下無。
為惡人，現世報。

莫邪欲，有神懲。
助人樂，勝己樂。
看人苦，反自苦。
身為人，該做什？
何謂人？做人事？
既是人，弄清楚？
俱人性？本仁愛。
步履美，人腳踏地。
心靈美，人仁愛。
悖常道，難生守。
光明正道，是謂人守。
平坦道，人愛走。
坎坷路，人願行。
人居安，當思危。
無遠慮，有近憂。

話好說，人受聽。
逆耳言，誰喜聞。
無修養，勃然怒。
是良藥，常苦口。
家人中，異見紛。
外撥弄，生波浪。
無忍量，計得授。
暗竊笑，大損德。
人識破，鄙不恥。
該攝合，否非人。
種惡因，得惡果。
人昧懂，悔已遲。
暗兩舌，罪滔天。
藏鏡人，獄門入。
是君子，坦蕩蕩。

爲德人，光明磊。
造孽人，孽不赦。
萬口業，出言慎。
處惡首，多行仁。
居福地，當種德。
前心田，難謂心。
後念生，豈爲佛。
一念滅，成是心。
色一切，離爲佛。
初識緣，感離多。
猶相婚，喜或厭。
非正確，皆主觀。
不久處，難分辨。
欲爲人，盡人道。
做人事，不越情。

論人道有二端：

只是仁人謂人

既是仁人為人不仁

人者仁人有仁味：

何謂人仁？人有仁

人謂人也？

始謂人尚不食

淪為人況人乎？

自生子子人弒親

親生子子不仁

為何有子人不仁

反哺知恩人心

禽獸知人何無？

天地情當知何報？

況親恩忘難人？

孔子聖作春秋

倡道德明仁義

亂臣賊子知倫序

辨忠奸知心懼

何般若即智慧

佛言梵即無欲

何言靜即覺悟

佛菩堤即無住修

孝謂何言？

教何禮曲奉養

體有意順不何謂？

是炎黃勞不願

人好做當守行

人做好做好人。

人幸生生中國：

好做好人

人好做好人。

孝生天天生主福僕由富強耀子女國
順爲人地本權萬爲選人民中華丈民
守人合人道民國民舉人國華人夫好

守人合人道民國民舉人華人夫好
是忠道合人利民益公自夏榮爲兒
人孝生天天生主福僕由富強耀子女
：

天黃中執身天人行本人精親孝天人
賦皮國還立德行守至誠背之視孝
體膚人敢世人事誠行誠至情本人順

何黑共人無惟人天可金情本人順
須身髮議不不誠之之格石悖事否回
變美色約實誠信道道天開歡親孝天
　　。　　：　：　：　　。

人別剪阿飛頭。
青少年年少青，
青年人人少本，
本若忘忘守人，
人中國國豈名，
名爲人人正正，
正是人人不外，
外無道道離人：
人非人人難天，
天降道道在華，
華夏人人莫外，
外人優優點學，
學技長長研俱，
俱心德德化世，
世人美美返天。

世上人孰無瑕：
人非聖故爲人，
人能有缺改錯，
人團體莫頂牛，
上下和議論事，
有卓見提共識，
是領導莫主觀，
有器度人事公，
用愛心力打造，
爲社會祥和美，
惜幼時養器度，
氣象遠日勤讀，
友益處留心學。

聖賢語，時力做。
貧無奈，只求儉。
拙何妨，但要勤。
信接物，人當守。
恕立身，終身行。
平常話，宜細聽。
本分人，要去做。
言招禍，看蘇秦。
財喪命，晉石崇。
幼訓嚴，平躁氣。
待佞敬，化邪心。
人名利，不強得：
竟得時，福爲禍：
身窮困，最難耐。
能耐時，苦轉甜。

善處事，就可否。
是非當，捨利己。
資質高，在忠信。
非機巧，學文筆美。
在德行，爲德人。
奢淫靡，廉恥喪。
挽頹風，勵世俗。
經驗何，體人得。
不涉世，何人生。
聰明人，書中悟。
愚昧人，身創知。
伍子胥，報父仇。
郅都陷，申包胥。
拯君難，楚國存。

心足恃：秦始皇
滅六國，劉項生。
梁武帝亡齊年，
候景降：天道還
循環理，因果轉，
窺人生，何不然？
種善因，不惡果，
信得救。身為人，
胸韜藏，有才智，
日進得。學無間，
禍福判。鄰睦乎？
成敗分。妻賢否？
不可欺。湛藍天，
神先知。心啓動，
多成賢。督子嚴。

姑溺愛，易敗德：
品不高，義不明，
學不進，懶不丟。
生為人，無何業，
聰穎人，忽下沈，
庸愚人，轉上進。
此無他，培教然。
德感人，苟有德，
當大權，感尤宏，
財累己，苟擁財。
處亂世，苟尤深，
人讀書，累無論，
資高低，苟勤問，
理當究，簡中然，
自必有，貫通日。

人立身，其何嫌？
家貧賤，但忠厚，
心老誠，行無私。
苟公處眾，則仰歸。
賢多財，則損志。
愚多財，則益過。
財遺後，害無窮。
孔何以？惡鄉愿，似忠廉。
只因其，復何以？
假面孔：只因其，
棄鄙夫，俗心腸？
患得失，剛毅志。
人處世，謂得計。
算精明，謂得計。
敗祖產，屬此人：

樸渾厚，無甚奇。
培父業，爲此人。
在心能，辨是非。
人處事，始決斷。
心不忘，廉恥行。
剛立身，何卑污。
論忠孝，有非是；
與愚孝，可非是。
伶俐人，做得來：
論仁義，有假仁；
與仁義，但不無，
虛僞人，藏其內：
立世身，表裏一：
做實在，行必神：
權勢徒，縱至親。

仍威福，但豈知：雲煙輩飛，立消亡。好邪輩，但不知：亦風波，懲其倒。神鬼靈，不著心。自富貴，非放眼；人權勢，置胸頭。此何等，胸襟哉！昔忠孝，在口頭；今仁義，置心頭。此何等，志量矣！爲聖德，不責人；無過失，但多方卻誘人，去改韻。庶眾心，可挽服。

大丈夫處世事：論是非，不禍福；士君子身言行：貴乎正，尤精詳；心名利，未必有？琴書樂，言性才：不可無，經濟經。街潑婦，啼怒罵：伎無多，靜自止。讒佞人，撥挑唆：情苦迫，淡自消。肯拯人，坑坎中：人便是活菩薩。能脫身，牢籠外：人則是大英雄。

性乖張、殀亡子、吐刻薄、志立大、心宜小、貧非辱、富非榮、爲父兄、子弟學、若父兄、子弟學、故父兄、正其身、爲君子、但小人

人多是、口語言、終薄福、不合污、得近成、賤求辱、貴濟榮、有善行、有惡行、無不肖、教子弟、率表行、有過行、嫉不容：

而君子、可小人、故君子、必平氣、萬不當、若不當、人守當、恐貽羞、無論作、不可有、人無論、不可有、問自家、當不敢、想他日

無過行、亦難容、處小人、以激切、有等之、易生非、何敢妄、父母譽、何等人、勢利氣、習何業、粗浮心、何身分、慮矯矣、怎立世

則可以發憤矣。
世常人遭橫禍。
興與衰有定數。
昊天地無窮限。
人富貴有時數。
身處事無定憑。
求學問無止境。
人處事何止境。
求此心過得去。
身立業無大小：
要此身做大小。
稟氣性不和平。
文事功無足取：
口語言多矯飾。
品心術盡屬疑。

人誤用：自聰明。
何不若：守拙樸。
盡不濫交：男女友：
須放開。
倒不若：閉門讀。
人濫交：世須放開。
眼看書：世做人：
腳跟穩。
要珠孔：然做人。
嚴立矜：然而嚴。
是近矜：矜而嚴。
人正氣：貴乖氣。
不持矜：謙貴嚴。
然而謙：是以諂。
諂媚心：故處世。
貴乎謙：不可諂。
財不患：其不得。

311

患得時，則難能。
善用財：祿不患其不來：祿來，但不能，有愧祿。
交不如益體面，倒子求顯榮：
教不如立品德。
君子心憑忠信，婦孺皆敬如神。
故君子倒落得，爲君子：小人。
設機關：鄉黨皆避若鬼，故小人。
枉做了爲小人。

自求個，良心安：
留餘地，以處人：
人一言，守口瓶：
故古人，守一行。
恐覆墜，怕瑕疵：
足砧身，故古人。
躬若璧，守一行。
現彩霞，知明麗。
看白雲，悟明捲舒。
瞧山岳，得靈氣。
望河海，明浩瀚。
身俯仰，皆文章：
對綠竹，虛其心：
面黃花，守晚節：
撫松柏，持本性。

捧芝蘭，嗅幽芳。

大千世界，盡師友。

不鏡水，而鏡人。

吉兇：不蹶於山，而蹶於垤。

善濟人，解人困。

快人快事，人不為。

守本分，必無錯。

衣食足，得心安。

不耐煩，是大病。

學吃虧，處事方。

性喜讀，知書樂。

存善心，何邀名。

知往日：見世非，行之非。

貪學多，則學進。

恭敬取人，德日重。

靠自己，勝靠人。

見善舉，多提揚。

聞過行，多贊醒。

聽謗語，知奮勉。

修己功，為君戒。

人信賴，莫頭昏。

時警惕，反精進。

相認多，知心少。

談交心，世上微。

留往事，存得話：
心相結，謂知己：
不出賣，難背義，
守友情，坦交心。
逞惡謀，事未得，
但惜彼，徒增壞，
人奢侈，足敗家，
但慳吝，爲尤甚：
前常情，後奇禍，
人庸俗，後覆事，
但精明，爲尤甚：
前小各，後大凶。
常思人，境不我，
命難我，可自慰。
人德業，其學問：

遠勝咱，心慚否？
捨得錢，義士爲。
不顧命，忠臣當。
家富貴，易禍端。
厚謙恭，始患少。
善降祥，否降殃。
人世情，天堂獄。
人同心，心同理。
其聖域，賢關分。
和平處，勿矯高。
正直心，不機智。
是君子，名教樂。
爲聖賢，悲憫心。
容兒孫，閒偷安。
嗜酒色，敗門庭：

教謀利，後易爭。

爲貲財，傷骨肉。

蓮朝開，至暮合。

不能時，則將落。

草春榮，而冬枯。

迨窮困，復又枯生。

家振興，宅將榮，子孫有榮。

伐戈矛，人矜誇，爲大戒：

仁從人，義從我：

得仁義，何遠求。

家縱貧，書當讀。

人雖富，技應習。

儉養廉，有茅舍。

院竹籬，饒清趣：

靜生悟，聞鳥啼。

看花落，皆化機。

心生悟，皆化財。

給濟世，皆菩薩。

生拙資，少智慧。

慮事精，是能人。

豈閒居，懷卓心。

見生氣，人聚處。

談正話，得樸風。

人富貴，不驕奢。

有才幹，不自伐。

人飽學，不自滿。

有品德，不鄙劣：

博愛座，讓老弱。

強占位，年少辱。
門庭榮，因勤儉。
風俗美，賢德倡。
忠孝子，爲天地：
正氣鍾，爲神鬼護：
聖賢傳，是古今。
命脈係，人物成。
生富貴，乏進取。
昏志情，難有爲。
人貧窮，幾分饑。
身骨堅，能任事。
愁煩時，懷瀟灑。
抱春風，苦悶時。
心光明：見青天。
勢利人，粧腔調。

只面虛，虛舖張：
可測知，皆爲假：
虛體人，亂指畫。
全浮向，身心成。
定不其，生無談。
但雖卜，而君子。
數求理，理既得。
而君達；變固防。
常無失，但守常。
和祥氣，變能禦。
善相人，驕衰情。
善施吉，一望知。
惡凶星，吉轉福。
何待卜，凶爲煞：
五行定：

善惡分：世人戒。

益人事：皆為善。

損人情：皆不惡。

窮不怕：怕偷盜。

富不驕：驕吝施。

毒害深：自戕身。

族幼苗：萬莫吸。

煙毒害：損本良知。

人一生：無災獄。

莫錢賺：損人知。

種有福：路坷坎。

行艱辛：培偉人。

大事功：全憑著。

量器膽：浩然氣。

為國家民族難：

身前驅：報效節。

性責己：不責人。

遠責己：但信己。

不怨道：取信己。

有信人：難敗因。

無執氣：本圓通。

人作官：皆色知。

心主宰：體髮膚。

毀壞日：性不滅。

人資慧：不力學。

質難化：有大德。

不矜細：形亦疑。

本忠厚：破欺詐。

守樸實：砸偽狡。

結直友：有令名。

親德人，得善行。
爲鄰友，解紛爭，
化宿隙，談仁德，
報世爽，栽善行。
善不種，人回天，
惡功犯，決地獄，
天理彰，現世報。
人在世，善益眾。
家榮興，子弟勤。
福壽福，行陰功。
人常懷，仁孝心。
事惡因，不忍爲，
故孝居，百行先。
心常有，邪淫念：

事惡因，不難爲。
故淫淫，萬惡首。
守安處，何清間：
分外想，自尋苦。
持盈泰，須忍讓。
恃強凌，自取毀。
人生世，難不存。
習技能，謀不定：
幼年時，早該食。
成器日，莫浪擲：
川慕海，而至海。
故學業，不止心：
蒔非苗，而似苗。
故窮理，守眞見：
人持身，當謹嚴。

戕宜戒：人養心。
須淡泊，累勿爲。
人足傳世有德，
非位顯；非所信，
在能行；非譽言，
使鄉黨無怨聲。
爲子孫謀資產，
倒不如習技藝。
倒不如習聖格言，
心多記，自主宰。
人方寸，人行事。
閒多看，是規箴。
身眼前，日運覽。
晉陶侃，同謝安，
勤可及。

靜奕棋：非學能。
但患我：遠濟人。
休使怨：不能欺。
但使人：遠濟人。
勿令人：不敢負。
何謂是：享福壽。
能耕讀：世何謂。
創資業：善教子。
幼兒女：性未濟。
教易受：長肆心。
勿溺愛：使役心。
待習壞：教難爲。
守以導：勿輕棄。
不絕其：自新路。
人忠誠：但無才。

尚立功，心志專：
雖忠誠，但乏識。
易償事，行多偏。
美國童，名芮特，
研玩具，賺千萬，
其父母，教克儉，
日用得，不五元：
人發明，利益世，
智慧使，功蓋天。
我國人，資質高，
何不超，科技創。
人在世，該應抱：
待人寬，律己嚴，
自奉儉，予人厚，
持恕心，勤讀工。

不爽約，無傲氣。
公私分，德才優。
身守分，時反省：
能守無，復何言。
人處世，艱難時：
但雖行，困苦境，
世縱有，僥倖事：
斷不存，易得心，
性淨明，品止水。
能照物，不礙空。
白雲飛，為讀書。
家清貧，性節儉。
人順境，人豐年。
是種田，則迂腐。
正而過，則迂腐。

直而過，則拙愚。
迂拙人，猶不失
爲正直：高入虛
華入浮，而虛浮。
知難誕，爲異端
究怪指，爲高華。
昧背乎？知楊墨
皆異端：知邪說
爲邪者，皆涉於
虛誕者，昧邪說。
人讀書，不苦功
妄想通，豈有理？
對待人，無好處
欲邀慶，從何得
志圖功，何言晚。

君不聞：亡羊牢：
心浮慕，難有成。
羨淵魚，快結網：
境難心切，實求。
道足身，常不足：
則足矣。
察覺己，有不足：
決意改，爲君子：
明知人，議其非，
肆無忌，爲小人。
友平淡，交耐久。
性靜裏，壽延長。
遇事審，突然來。
熟思審，恐貽悔。
若家宅，不幸釁。

忍曲全，勿失歡。
身飽暖，勤耕學。
學無進，難對己。
不與人，爭得失。
唯問己，當有知。
人循矩，不精神。
場權變，人做事。
不傀儡，好壞評：
蕭曹隨，樣葫蘆：
人世上，無憨人：
豈可妄，行欺詐：
塵世上，無苦人。
何能獨，享安閒。
甘受欺，非懦弱。
自謂智，是糊塗。

神傳目：目有胞
閉養神，禍出口。
口有脣，合防禍。
人無財，何言貧：
身乏學，謂之貧：
人無位，何言賤：
身乏恥，謂之賤：
人無述，何言夭：
身乏年，謂之夭：
人無子，何言孤：
身乏德，謂之孤：
德澤薄，家好事。
未必好，好種德。
心外馳，氣外浮。
讀書人，忌戒守。

人處世，無警覺。
臭美事，將現出。
人學藝，不專精；
受苦情，在後頭。
天生人，不良心；
苟喪失，歡不遠。
聖教人，守正路：
若捨走，途荊棘：
品格高，用利祿；
豈動搖，志量宏。
雖富貴，不能淫。
財福人，亦禍人；
身富時，當知戒：
藥生人，亦殺人：
用藥時，當知慎。

事勿徒，委於人；
身力行，始克濟。
事執己，始決斷。
無後貼，無後斷。
以切問，以近思。
以博學，以篤志。
此八字，收放心。
以神閒，以智靜，
以智沈，以勇毅，
此八字，幹宏業。
益友何？規我過。
望我好？小人何？
窺我私：損我德？
待人寬：惟兒孫？
不可寬：禮宜厚。

惟嫁娶，不必厚。
事但觀，其已然。
便可知，其未然。
人必盡，其當然：
乃可聽，其自然。
心謹慎，易善後。
惕無咎，高自位。
難保終，亢有悔。
義含利，尚義人。
初非計，利有害。
趨利人，何顧念。
耕養生，讀明道。
修知心，悟得性。
功用內，外無求。
飾美外，中何有。

盛衰機，雖關運：
但有心，責人謀：
性命理，固精微。
論學人，求實用。
魯曾子，道實傳。
資性鈍，貧顏子。
樂不改，境何慮。
敦厚人，可託事。
謹慎心，成宏業。
法處世，以忠厚。
久傳家，以勤儉。
友相得，以平淡。
事謀成，以誠信。
天風雨，宮室蔽。
地山川，舟車通。

人能補天地闕：
難無爲，人性理，
則天以五常賦人形體：
地以六穀養人身：
是天地生人，厚人身，勿輕裁。
豈自薄，世之人生全其直：
苟學士，反其常：
不安貧，著著隨手。
食需著，此可悟。
操縱使書需筆，
用人方，字畫工，
筆不能，字畫工。

此可悟：求己理。
人處事，宜寬平：
不可有，鬆散弊：
人持身，貴嚴屬：
不可有，激切形。
稱善良，人則喜：
謂善惡，非美名：
當凶惡，爲善良。
見立志，人則善：
謂醇謹，人形顯士：
其浮躁，形顯士：
當反身，爲佳謹：
否盡信，信挨理：
否遽行，行問心。
是兄弟，如師友。

樂天倫，女閨門。
若朝宮，嚴家法。
友成德，人無友。
孤寡聞，德難成。
學愈愚，人不學。
昏無知，罪累身。
人犯法，自得財。
豈無逃，愚何愈。
為賠償，還加倍。
仍浪子，醒回頭。
為不愧，是君子。
會貼笑，惜失足。
世庸人，人飲食。
欲大存，欲既勝。
天理亡。

修道人，儉飲食。
儉既張，人理存。
世上人，耐貧易。
耐富難，安苦易。
守閒難，忍疼易。
忍癢難，能耐富。
安間散，忍癢守。
有道士，令人仰。
險奇事，為決危。
僥倖得，得偶然。
然非常，常平淡。
事憂前，事無憂。
事臨憂，事何濟。
欲利己，反生害。
肯下心，反人上。

將快樂建築在人痛苦，樂心何？

施仁德，無心為；
張益世，鄙不恥；
功德揚，世人仰；
仰德高，高傳久。

是君子，罪九分，德恕諒：
但小人，罪一分，仇怨報。

宇宙浩，天地闊；
生莊莊，活其中。
日東升，月西沈；
日月轉，流時變。
田園林，屋樓連；
主人翁，歲換速。

金山堆，銀成丘，
身不在，手難握。
妻嬌美，子女勝，
黃泉路，各了緣。
人生猶蜂花蜜，
到頭來，一場空。
名利關，早看透；
處世，樂開懷。
明月出，驚山鳥；
懸塵寰，亮夜空。
雲空封，寺僧敲；
峰林幽，高人隱。
田野美，牧童笛；
澗水流，漁人歌。
山女舞，郎和唱。

傳心曲，譜情緣。
竹伴水，情尤暢。
蘭當風，情愈和。
潑墨山，畫有意。
雲出岫，本無心。
公德心，人人俱。
謀公益，莫循私。

人之本，在於仁。本若愛，則心善：
性之本，在於染。本若色，則人惡：
仁之本，在於憫。本若慈，則物美：
義之本，在於理。本若明，則進退。

人做人，本正道：
是君子，為正人，
懷仁義，秉大德，
不忮刻，成道美，
不背咒，為人友。
不樂災，表憫情：
不諂媚，遠卑抗，
不結派，無左右，
不枉法，守本分，
不找碴，坦規勸，
不芥蒂，忭無痕，
不忘情，常思報，
不仇怨，諒恕待，
不諷罵，提建議，
不勢利，何攀援：

但小人，斥不非；而君子，豈苟反同。
若是人，不撥反；化人性，祥和瑞。
坦蕩處，益人群；獻智力，供社會。
身家國，何不興。
願世人，心存善。
口業種，惡果報；非嚇人，絕對報。
遲與早，終會臨。
執願意，做小人；化小人，為君子。
世上人，無不美；美世人，佛面心。

窮富子，識書禮；遠訪客，款猶賓。
千般智，蘊善心；本於愛，待一人。
皆懷納，否善定；如容物，則反事。
肯定物，成一論。
故世人，應反諷；喜悅心，看抱著。
無不美，否煩惱；何尋苦，生當樂。
不知生，焉知死；生死情，世難捨。
聖忘情，果看透。

不及情：而凡人
因情鍾，故情喪
明情否？聖凡別：
情是何？金難買
生死許，不文值
人論情，心懷義
情義聯，無怨尤
義謂何？不情得
否施義，免失仁
世上人，鍾其情
抱其義，海闊空
義何解？不殘物
成全人，守大我
情看開，得不怕迷
失祝福，無不樂：

迷怎言？心慾牽：
執著深，失難生
有緣聚，無緣散：
本灑脫，何情苦
爲緣聚，莫癡亡
懷情活，賀世人
人立身，測世局。
得達觀，先覺昌
後洞知，昧悉亡、
警有無，存成敗分。
人老了，心年輕。
天還幼，體卻老
苗老了，地年輕：
道還小，球卻老
網老了，魚年輕：

海還嫩，舟卻老：
眼老了，書年輕。
藝還稚，手卻老。
是還稚？首問你。
始品嚐：再決定。
吞了她，苦樂味。
紅塵人，弄不然。
一張臉，劃心坎。
新舊創，弄心了。
今昔事，談笑聞。
萬種情，剎那滅。
得生身，千萬載。
失人體，一念間。
勸世人，命珍惜。
謀眾益，莫輕毀。

人捧爾，灌米湯。
受輸腦，懂反醒。
人方寸，即如來。
是佛性，自修得。
方寸性？妙靈山。
不污染，覺自性。
昊宇宙，何其大。
無量心，甚天地。
電視台，節目天。
老護幼，起爭目。
有些台，兒童不。
看了後，心智變。
天生人，形像繁。
不同貌，族類異。
性有差，膚色分。

無不存，懷仁義。
抱道德，守忠孝。
相互愛，和平處。
唯死路，殊途別。
在世上，千萬別。
憑智愚，秉造化。
命不好，多積德。
力行善，可轉運。
不可存，心不美。
勤儉為，化窮劫。
後浪來，滾滾襲。
拔足涉，非前流。
世無老，何有少。
幻是浪，向前推。
前浪滅，後浪起。

炎黃裔，知敬老。
華文化，禮義邦。
防性衰，錘吊陰。
恆日練，復元體。
為師長，知教明。
做父母，昧傳統。
首悖父，世人鄙。
社會人，知孝禮。
人處世，受人重。
凡是書，無新舊。
只要讀，啟智慧。
增知識，開卷益。
莫去看，黃色類。
會引人，非非想。
損心志，不翻閱。

中國人考古家
在關中墓挖出
二千年古書云：
痛當時年輕人
對今日昧然行
視禮孝何不然
稱皇帝何老兄
民主時喊老奇
將相宅朱肉臭
唯庶民無衣食
找寄託非只人
世萬物莫不然
人嗜好精神依
聞無事去排遣
塵世網迷惘心。

不孤獨難得性
學寂寞入禪境
佛道修契合妙
空靈修得入禪
不沈淨何得竅
天人合先攝心
性靈得性融一
人在世去心機
公處事本乎誠
心用何在一？
立社會莫達仁
為領導創功業
守一信得人心
非用兵施詭道
終將毀：人為人：

循正道，必有成。

蓋君子：成人美，而小人，則反是。不成惡，正邪分。

人做人，本心善。身或不為善事，守其善？

兵有詐，必然勝敗。兵無詐，何能勝敗？

詐跟誠，怎並論？誠格天，感動心。

處無誠，難理事。世上人，皆愛生。天定律，必然死。

夫仁人：己欲立而立人，己欲達而達人。

行不義，怎謂人。做非仁，何言禮。

臨死時，怯悔憾。人生前，昧了悟。

始達人：自欲達。協助人，先站穩。後理人，群己安。

做好人，世太平。志於仁，依於仁。

天賦與仁，無非人。人在世，一顆心。

不敢愛，是懦弱。人愛人，本真情。

縱挫傷，無怨尤。
得不著，莫悔恨。
抱祝福，賀成美。
退一步，海闊空。
人何苦，論短長。
有此想，天賜您。
福壽康，快樂安。
世男女，非一人。
論美醜，是表像。
德才俱，慈愛心。
俪同力，共創家。
心私偏，邪魔生。
受無形，冤欠擾。
人公正，鬼神護。
天保佑，事順遂。

秉仁義，守道德。
本正氣，天地寬。
做功德，行布施。
消宿業，去薜障。
非迷信，知回饋。
報無形，前世報。
缺德錢，莫去饋。
正當職，智力賺。
昔因果，今世報。
吉凶分，壽天別。
種何因，得何果。
天理彰，不容疑。
縱一時，得反報。
緣前世，因未了。
究人事，萬物理。

無不然，歷證得。
因善栽，必美果。
雖非己，福兒孫。
秉大愛，守仁德。
善施人，報家國。
心有愛，世物美。
人無情，見發愁。
前世怨，今生報。
前生德，現世享。
天籟音，扣心弦。
夢幻樂，離虛幻：
回到宅，復人生。
變真實，復人生。
炎黃裔，徒異域。
菜肴名，背始食。

祖先籍，居何地。
記在心，忘非人。
最怕人，說一套。
想一套，做一套。
言行異，內外非。
人處世，業難功。
樓千間，夜眠床。
田千頃，食只飽。
生有限，心思量：
宇宙闊，身棲宅。
資訊有，非知識。
擁知識，難智慧：
看電視，上網路：
獲資訊，非讀書。
人讀書，經過腦：

縱挫傷，無怨尤。
得不著，莫悔恨。
抱祝福，賀成美。
退一步，海闊天空。
有此想，天賜您安。
福壽康，快樂安。
世男女，非一人。
論美醜，是表像。
德才俱，慈愛心。
倆同力，共創家。
心私偏，邪魔生。
受無形，冤欠擾。
人公正，鬼神護。
天保佑，事順遂。

秉仁義，守道德。
本正氣，行天地寬。
做正德，去布施。
消功業，知回饋。
非宿信，前世業。
報迷形，莫去賺。
缺無錢，智力得。
正當職，今世報。
昔因果，壽夭別。
吉凶分，得反報。
種何因，不容疑。
天理彰，得反報。
縱一時，因未了。
緣前世，萬物理。
究人事，萬物理。

無不然，歷證得。
因善栽，必美果。
雖非己，福兒孫。
秉大愛，守仁德。
善施人，報家國。
心有愛，世物美。
人無情，見發愁。
前世怨，今生報。
前生德，現世享。
天籟音，扣心弦。
夢幻樂，離現實：
回到宅，從虛幻。
變眞實，復人生。
炎黃裔，徙異域。
菜肴名，背始食。

祖先籍，居何地。
記在心，忘非人。
最怕人，說一套：
想一套，做一套。
言行異，內外非。
人處世，業難功。
樓千間，夜眠床。
田千頃，食只飽。
生有限，心無量。
宇宙闊，身棲宅。
資訊有，非知識：
擁知識，難智慧。
看電視，上網路：
獲資訊，非讀書。
人讀書，經過腦：

消化後，變智慧。
人生命，只一次。
要熱愛，莫負身。
人生觀，要正確。
宜從幼，早建立。
爲父母，抑師長。
常提醒，莫廢言。
多角度，去了解。
象牙塔，觀天下。
好與壞，是非分。
心判斷，不含混。
世上人，非天命。
不灑脫，苦自尋。
看問題，身客觀。
有煩惱，化無形。

春暉情，揚母愛。
防毒吸，愛滋無。
青少年，心當明。
遠夥拚，戒鬥毆。
人活潑，聚一堂。
研習藝，盡情歡。
壞習慣，莫去學。
煙嫖賭，避嘗試。
有禮貌，受人敬。
文質彬，不粗鄙。
話出口，火燒身。
事發言，當謹慎。
人年輕，時不在。
心情何？早點明。
時匆匆，世茫茫。

昔秀才，不出門。
但明知，天下事。
今資訊，手操靈。
在室內，中外聞。

有德才，難埋沒。
拼命幹，不鑽營。
不虛僞，絕有成。
本乎誠，面對世。
愛計較，事難功。
對工作，不認眞。
最好人，有德才。
事機會，常留給。
爲立場，禮和謙。
搞地位，爭名分。
莫虛度，實人生。

人不學，不如物。
事不幹，難情心。
人教人，先體教。
人學人，人首窺。
心性詭，心好奇。
尋刺激，習近染。
認爲事，值不做。
勇往前，絕精縮。
事不值，當立止。
浪費時，不虛矯。
人做人，守本實。
不浮躁，敗卻易。
成功難，不懈怠。
時惕勵，家清苦。
許水德。

力向前，功名得：劉文哲，眼障盲，點字創，公費學。

社會上，富家子，貪玩鬥，庭倫辱，人有則，家定序。

團隊規，國定法，人人守，社會安。

行越外，身懲治，不挑戰，難進步，昧啓示，人麻木。

人本有，大愛心，身立世，事遂願。

無心話，有心聽，人密情，洩難掩。

心有意，察無意，常接觸，知竊事。

歷史上，成敗警，翻冊明，眼當戒。

語真言，測神情，出口僞，唯百方。

破心結，不存恕，化烙痕，爾先去。

世上人，在心頭，我活活，爲君開。

存不愛，沒嚎頭，天堂門，本無放。

人做人，莫太強。本老實，貪慾心。

強人難，遭反撲。
天縱高，沒人高。
地雖深，難心深。
人在大，不仁大。
道在地，唯人大。
窺窗外，陽光峰。
勇推開，始進來。
曾經是，鐵窗因。
痛悔悟，金難買。
千不怕，萬不怕。
怕囚出，性不改。
光明路，千條有。
囚牢途，不可走。
寧餓死，何作歹。
坦蕩生，力耕耘。

兒餓寒，雙親護。
父母老，子女養。
房不樓，能住好。
衣不綾，暖身好。
食不珍，飽腹好。
行不車，安步好。
夫不醜，老誠好。
妻不美，賢德好。
子不多，知孝好。
心不妄，務實好。
錢不多，夠用好。
奢不求，樸潔好。
不播種，難果實。
不流汗，何收穫。
人修道，本平淡。

法自然不炫奇：

切不可時行斷。

守正常入生活。

問世人情何物。

生死愛怨有。

貴賤勢難久。

富忘貧享不遠。

財鄙大莫氣粗。

力勢強不凌弱。

做大事爲民益。

明大義判利害。

人相比氣何有。

無心比自灑脫。

人探險只得敬。

車飆行身毀悔。

當面評：千般好。

背後罵：聞難諒。

世宗教，發五大系：

道宗釋，發源地。

在中印，回教發。

根中東，而猶太。

基督中別，實爲耶穌：

但猶太，信徒少。

將左右，世局勢：

而基督徒，衆多。

列國有，天主教。

是基督之前身，主教：

因主教，稱教皇：

在羅馬，權威高。

耶穌教，稱牧師。

經馬丁　始改稱
俄東正　爲耶支
其回教　創始人
穆罕默　德殘後
分二支　遜尼殘
什葉派　各拓名
世亂源　起中展
因偏激　排他東
男女婚　非徒性
教族別　屬治德
惟儒家　講恕世
倡仁義　爲中道
不左右　族教派
非排斥　任婚情
和融處

故華夏　日昌勝
仰慕歸　崇文化
承天命　應運降
先天道　宗教立
尊孔儒　仁德圓
白陽期　辦收啓
西天門　戊寅入
仙佛出　道歸宗
天大道　得返天
火宅人　惜身緣
籲世人　天不許
絕人路　義不爲
擋人財　智奮前
幼挫折　老多苦
少享福

世炎涼，情冷暖。

妻機織，嫂不炊。

人立志，勤學勉，功業得，榮鄉里。

肯努力，志不懈，成功道，一定達。

不怕慢，只怕站；不怕站，只怕轉。

毀前程，非別人；傷身體，病因己。

不知恩，難謂人。

既為人，當感酬；人幫您，知德情。

反怨報，獸不如；得人援，非運氣。

業有成，面謝酬。

時用人，才德分。

亂世才，治世德。

才無德，行治偏。

德才俱，難為望。

若有道，列所能。

聲光電，媒體炫；青少年，心失主。

想尋回，知失難。

心有主，不受炫，唸不書，有何難：

多勤讀，通情理。

華文化，潤心田。

世上人，人宰物。

物役人，人役物，人心宰，今電腦，供人玩，變幻奇，玩玩可，人儉省，過吝嗇，刻薄人，世上人，道在身，德彼此，人分工，同社會：

人非人，物潤物，宰萬物，發明炫，有何異，形像喪。戀迷喪，是迷德，反美薄，刻薄世，難道世，身俱德，此謂人：工不同，會求生

生爲人，存本德，世間人，愚何用，才用當，成敗因，種得好，果甜蜜，惜人生，華夏人，福寶島，春花開，笑人權，立鹿島，歡民主

人競存，德化世，人賢愚，用德才，當然成，因自種，好美果，蜜珍惜，生中華，人幸福，島上春，開口笑，權碑立：島人歡，主權民

民有權，權選僕。
僕為公，公民僕：
國豎碑，碑何時國？
時人問，問秦時？？
城碑立，立一人慶城？
慶九州，州一統慶。
統江山，山河一統明。
明做人，人問心。
心燈點，點照人心：
人心亮，亮大地人。
地球人，人佛地：
佛面心，心人光明佛。
明月亮，亮天地。
地上明，明無暗。
人情味，暖火爐。

鄰友難，見義為。
您我他，獨難生。
群我處，社會生。
企業人，策定化行。
以財務，公開化。
以業務，效率化。
以管理，內外化。
以經營，清新化。
以形象，大眾化。
以成果，前瞻化。
以用人，才德化。
以業興，益世化。
不少苦，老何福。
想老福，少吃苦。
少享福，老多苦：

老不苦，少少福。
賺錢難，享福易。
少知儉，老不窮。
只知用，不知賺。
金銀山，終掏空。
人勞動，是美德。
尤勞氣，養成習。
人在氣，划不來。
心生氣，嘔人氣。
氣何苦，自生氣。
千般好，莫損傷。
想不開，生悶氣。
病非人，自得疾。
心烙痕，快抹銷。
陰霾無，走出來。

緣情結，去莫戀。
性灑脫，反祝福。
夫妻情，長廝守。
心身向，性相協。
閨房鬧，俏戲謔。
甘苦共，偕白頭。
害羞事，做丟臉。
身立世，時檢點。
人雖窮，志不窮。
家雖貧，心不貧。
手掌心，莫上翻。
在人前，不卑亢。
少不志，沒出息。
有挫折，體人生。
大丈夫，四海行。

抱雄心，五湖去。
守家門，榮耀庭。
看田園，知翻土。
訪親友，明禮節。
拜尊長，知進退。
性傲慢，不值錢。
氣粗暴，受人鄙。
呂蒙正，破窯賦。
識人生，貴賤情。
身無技，難謀生。
世上人，誰有間。
不勞獲，世無有。
血汗得，錢用久。
不付出，莫想得。
先問己，給多少。

人生路，單行道。
珍惜走，莫邪途。
生富貴，反貧賤。
身貧賤，反富貴。
爭上游，力進取。
戰勝己，始成功。
身學問，志求得。
人事業，苦經營。
雪中炭，固世有。
危困急，求人難。
平凡話，皆聖言。
人做到，是賢德。
人做人，不炫奇。
事有成，本樸實。
人為人，莫相欺。

唯以誠，得人敬。
人相往，守以恭。
事同仁，本以協。
天下事，看似繁。
繁化簡，條理處。
祖產業，守不恥。
爲子親，爭爭產。
不孝女，歿愧羞。
身兒受，更該福。
施比寰，本道行。
處塵本，在本无。
天之本，在於无。
本若運，則地萌。
地之本，在於育：
本若化，則物生：

生之本，在於競：
本若公，則太平：
競之本，在於智：
本若誠，則業隆：
知之本，在於博：
本若悟，則不迷：
國之本，在於家：
本若固，則邦寧：
家之本，在於敬：
本若和，則家興：
男之本，在於分：
本若守，則宅安：
女之本，在於歸：
本若慈，則室榮：
族之本，在於睦：

本若助，則報情。
友之本，在於義。

本若協，則反酬。
隊之本，在於凝。

本若固，則建功：
處之本，在於誠。

本若禮，則得敬。
人之本，在於道。

本若德，則身潤。
身之本，在於心。

本若仁，則性慈：
性之本，在於淨。

本若染，則易變：
境之本，在於近。

本若好，則必善：

本若壞，則必惡：
心之本，在於正：

本若淨，則近佛：
海之本，在於容：

本若納，則成大：
山之本，在於土：

本若積，則雄高：
工之本，在於精：

本若藝，則技美：
德之本，在於恕：

本若量，則心宏：
教之本，在於明：

本若通，則知理：
手之本，在於用：

本若扶，則拯危：

口之本，在於言，本若德，則遠禍：
父之本，在於責，本若教，則子美：
母之本，在於育，本若化，則兒順：
子之本，在於孝，本若養，則是人：
師之本，在於傳，本若道，則生智：
學之本，在於悟，本若明，則心慧：
業之本，在於策，本若志，則事功：
幼之本，在於苦……

本若工，則老福，老之本，在於健，本若強，則晚樂：
事之本，在於利，本若公，則眾服：
食之本，在於淡，本若衡，則命得：
道之本，在於空，本若悟，則返天：
体之本，在於鍊，本若動，則身強：
性之本，在於淨，本若清，則合道：
婚之本，在於愛，本若諒，則偕老：

施之惠，本若忘報，則在於德：

受之情，本若反酬，則在於感：

錢之賺，本若用工，則在於樂：

法之守，本若刑明，則在於喜：

鄰之警，本若舍協，則在於遠：

少之專，本若立學，則在於安：

業之苦，本若宏圖，則在於業：

謀之本，在於行：

本若周，則功成：

族之助，本若恩扶，則在於得：

人之得，本若情性，則在於謝：

苦之樂，本若何疾，則在於投：

情之善，本若無惡，則在於緣：

義之正，本若神敬，則在於為：

知之深，本若格明，則在於探：

學之研，本若淵博，則在於入：

處之本，在於和；
本若誠，則相信：

友之本，在於協；
本若眞，則事成：

修之本，在於成；
本若捨，則返天：

禮之本，在於節；
本若恭，則人歡：

大之本，在於小；
本若卑，則反得：

佛之本，在於空；
本若無，則得道：

道之本，在於虛；
本若炁，則合天：

天地人，道化生：

生萬物，人至靈。

因靈種，來自天。

天降道，度蒼靈。

心生法，法生心。

中有道，道潤身。

處暗室，不欺心。

守善念，不妄邪。

心常清，性皆淨：

大天地，悉皆歸：

一顆心，通天地。

照日月，參造化。

道怎修？
從自身始：

生活中，從倫理。

由心正，秉天理。

守良知，則易得。

人笑看，世萬情。
莫執著，性灑脫。
過日子，日子過。
不看開，日有限。
日無限，日日過。
不日新，生悔遲。
中國人，後天道。
道在身，身懷德。
守天良，不負心。
行仁孝，歿回天。
知富貴，儉心歡。
志奮勤，因驕慢。
貴反賤，爲奢吝。
富反貧，爲奢吝。
人欺人，反被欺。

心悲憫，佛性得。
同情人，是美德。
有憐意，彼感憤。
看憐意，仁慈捨。
大人憐，明亮得。
窗打開，日光射。
心灑脫，夢痕烙。
想鬱結，執著相。
世萬物，皆色煙。
心灑脫，何在心。
愛施色，純無憑。
世對人，本無心。
人對人，要恭敬。
人做人，要和平。
人害人，反被害。

印善書，度化人。
人心美，功無量。
大前提，人會老。
爾我他，時居衰。
讓座老，善雖小。
功無量，行當先。
爲家長，告兒女。
爲師長，訓弟子。
人人做，禮儀邦。
傳美名，宜澄然。
心無事，要沈然。
事得意，決斬然。
有事時，處泰然。
事失意，陰禍深。
惡忌陰。

善自揚，揚功微。
廉無名，名爲貪。
巧無術，術顯拙。
貪非身，其術貧。
足不窮，剛心富。
子不嫌，父母醜。
狗不厭，主人貧。
做好事，我有分。
大社會，是舞台。
扮善角，去惡演。
親情恩，似海深。
兒女孝，奉養老。
逆倫常，罪天誅。
遇挫折，看忍耐。

人逢逆境，是考驗。

人恩我，思反報；
我德人，恩忘掉。

自膨脹，抑貶損。

謀非宜，獻智力。

始發展，勿負生。

爲害蟲，難對世。

誰無錯，豈不免。

昧隱瞞，聖難救藥。

一雙手，看人用；
推扶判，功過言。

一張口，善惡分；
運否當，成敗別。

一顆心，萬般造：

上天地，無別物，
忘了它，道得得；
塵無道，得得得。

得世難，外道難。

外道立功，內道養性。

道易得，情難練達？

洞鑒微察，易練達；
旁觀明，人易應對。

人易犯，優越感。

使命心，急迫性。

到最後，無力應，
徒增悲，宜知戒。

一隻鳥　勝林內　好高遠　人在世
本誠敬　守倫常　恪遵行　不能悖
依良風　身無疾　除病源　常運動
開懷笑　做好人　讀好書

握手中　金絲雀　樹難收　家有德
國立法　團体紀　社會俗　達人鄙
一切有　尿療法　保健康　舒鬱結
行好事　交好友。

三人行　不請益　摯愛親　將創痛
研科學　爲人類　社會人　非級高
百行類　論互助　獻智力　不犯法
想如意　人如意　如人意

有師誨　傲滿損　化無變　習力量
謀技獻　孰奉大　或老闆　各職司
盡個責　求生存　無貴賤　儘如意
始如意　則如意。

不人意，莫如意。
如己意，達人意。
豈如意，意如意。
孔曾言，孰無過。
錯悔改，善大焉。
勿重犯，可聖賢。
囚房食，呷反胃。
爲兒女，体親友。
去探監，心何忍。
隔窗語，限時談。
惡縱微，萬莫爲。
性染習，人德喪。
紅塵情，眞假有。
鏡中花，水內月。
虛幻空，執著苦。

身難得，要珍惜。
千萬情，莫自裁。
原諒人，寬恕人。
理解人，通情人。
怨反恩，積德宏。
錯不改，是隱疾。
壞習性，會致命。
處溫室，會隱疾。
人難大，畏風寒。
身肌肉，生痛毒。
不割掉，否擴散。
在社會，抑團體。
祛壞胚，淨血液。
處高位，宜冷靜。
性暴野，全盤輸。

有矛盾，面現實，得創痛，想辦法。世上事，忍一時，最後勝。人生戲，緣命排，扮角色，進退情。戀心苦，抱感恩，望反報，顧大局。

莫迴避，去撫平，宜冷靜，謀突破，無絕境，自有解，是勇者。如何演，上下台，明智決。性灑脫，樂頤養，性無苦，心難樂，辨是非。

為整体、覆巢下、慮怨氣、有遠謀、狂笑野、三五友、人生樂、莫是非、談成敗、人往來、人風雅、紅塵浪、人心情、方向盤、腳跟站。

捐私利、無完卵、少遺憾、祛心愁、祛疾生、聚心歡、敘心情、論古今、做古鏡、無白丁：任吟詠、波濤湧、處複雜、要把穩、不動搖。

陽剛強，陰柔克。
男女合，乾坤配。
心不動，天地知。
心起發，震雷霆。
三尺神，偵測明。
非善惡，果報判。
居時償。
男女戀，激變吵。
立冷靜，避極端。
婚外情，一夜歡。
忘身苦，果難樂。
心污穢，要速洗。
滌淨去，性靈潔。
食色性，人大慾。
有節制，壽命長。

持家嚴，守儉約。
莫奢侈，當用用。
教兒女，禮貌周。
應對好，通情理。
坐輪椅，不人推。
歌王后，寫文章。
口足畫，列名家。
四肢全，作何想？
人相處，本誠往。
坦交心，互協成。
儒家風，寬厚道。
秉忠恕，抱仁德。
禮義廉，恥無難。
四維張，國復興。
智仁勇，人心俱。

三達德，文武備。
仁義禮，智信守。
此五常，行得聖：
仁義抱，智忠孝。
廉節禮，古八德。
立人否，人非人。
國文化，奉行揚。
君臣義，父子親。
夫婦別，長幼序。
朋友信，廢世亂。
爲六倫，誠己物。
公去私，中不偏。
仁達人，立身世。
行日新，永守爲：
做人則，永守爲。

君爲臣，夫爲妻。
父爲子，三綱振。
人倫彰，社會安：
知仁德，義中和。
是六聖，爲孝友。
嫻任恤，周六行。
古道德，傳禮載。
華文化，損千頭。
人雙肩，立天地：
萬物靈，別禽獸。
衣冠楚，否不如。
守倫理，存天理。
去人欲，忠恕道。
仁愛物，暗運化。
世治亂，暗運化。

其昇降，決人心。
性轉移，教為善。
法制惡，否天懲。
災殃臨，果報身。
五教主，臨壇訓：
復人性，挽世毀：
聖天父，宇宙宰。
降地球，承天運：
先天道，莊蓬萊：
道化劫，拯靈魂：
立宗教，化眾生：
籲歸宗，復原位。
貧不卑，富何驕。
天生人，執貴賤。
彰己德，道人醜。

無恥尤，
是至親，心可悲。
為好友，不言謝：
難不要，豈言酬：
表達出，味不同。
人有成，不妒嫉。
學方法，力向前。
自不幹，反忌人。
心性歪，鐵窗近。
起建樓，廢工智：
易塵事，何不然。
良心愧，甚法懲。
痛前非，速補懲。
樓千棟，金萬貫。

日三餐，夜眠床。
歲難百，德不修。
善昧薄，福完慘。
事親長，逆天理。
忤仁義，違道德。
後果悲，可斷言。
在團体，遠離框。
五湖海，胸坦蕩：
暢欲言，心吐快：
身段演，起落判：
處人群，扮角色：
抱仁恕，肆週旋。
人年少，性叛逆。
導正途，施愛心。

單親兒，無父女。
有何嘆，力奮前。
昧何過，看人明。
自不省，反責人。
倒轉論，則成聖。
縱寵兒，溺愛女。
為父母，非是福。
家浪子，社會賊。
教不幼，苦非人。
一時錯，千古恨。
氣不忍，終身憾。
退一步，海闊空。
忍一時，千秋樂。
失東隅，獲桑榆。
翁失馬，馬非福。

得失間，心何計。
男兒志，在四方。
學光成，智創業。
不有非，莫作歹。
行爲明，埋頭幹。
捨意氣，戒躁急。
事臨危，宜鎮靜。
稍不愼，全盤輸。
一失足，難償憾。
退一步，海闊空。
成敗衡，在心判。
律己嚴，待人寬。
私生活，宜檢點。
世百善，孝列先。
身爲子，報恩情。

逆反德，天誅懲。
大孝子，張輝夫。
身摔殘，數十載。
奉養母，感人天。
亮光軒，裝表面。
處暗室，宜自潔。
父母財，辛勞賺。
身兒女，莫忘想。
無德才，享有愧。
力幹活，用心安。
憑智勞，得勤功。
創事業，省食儉。
言惠人，積陰德。
語刻薄，報身兒。
慈憫念，不可無。

仁德心，獲神佑。
窮，比無味。
富富有，難三代。
貧守仁，立命轉。
論不德，行無恥。
咒罵人，反人恥。
道是非，豈做人。
背不評人長短。
關愛人，主動為。
正氣豪，俠義情。
聰明人，退反前。
愚昧者，前不退。
運術智，斟勢情。
仁怒心，博愛心。
懷德心，慈悲心。

知足心，感恩心。
諒解心，包容心。
人擁有，生愉快。
八神湯，潤肺腑。
禪神心，神明鑑。
閒房去，賢可進。
盜免來，道人請：
日月照，好歹分。
紅塵內，山林裏。
知修行，天人合。
煩忙心，事紛亂。
去放鬆，三分鐘。
靜止坐，法冥想。
靈性安，復工作。
登星球，下海底。

人類知，通天地。
時空變，科幻炫。
網際站，消息靈。
價值觀，蝕心性。
不德修，變非人。
私利無，我傲除。
慈悲愛，惻隱心。
去人執，超凡聖。
止至善，入佛域。
紅塵網，網人生。
生有悟，悟去網。
勝己先，甚勝人。
戰勝敵，反問己：
己能勝，敵必敗。
勝己方，法儉欲。

力上進，求智慧。
培德性，鍛體魄。
桃花源，田園樂。
山水幽，鄉野美。
享寂寞，神仙境。
感孤獨，反投世。
鬧市入，爭名利。
頭破傷，復投利。
義之鵝，陶隱療。
習勞動，怡養情：
晉王字，唐詩吟。
漢文讀，人性美。
工作層，各有異。
腦智力，分高低。
每一行，別千秋。

肯專注，得狀元。
逆倫戲，非人演。
悲劇生，罪深重。
地球在，人類存。
男女愛，永相生。
情不投，欲分手。
互祝福，世太平。
群體中，傷人語。
自反省，不聽無。
處團隊，犯忌顯。
表現有，提卓見。
美風儀，眾自仰。
合法商，和氣財。
誠無欺，利求安。
四海通，資訊靈。

幼打拚，時髮蒼：
老身強，老有伴
老知心，老本存
老不殘，老得養
修瀝脫，無何憾。
學淵博，談吐雅
立講德，潛默化
該不話，適表達。
窮不濫，是好漢
循正道，得用安。
變非法，盜人益：
縱擁有，得何安：
竊盜搶，非人為：
詐騙欺，辱家門：

違法財，甭想得：
人妄想，下場慘：
搞勒索，逞強暴：
玩縱火，弄綁架：
法刑懲重，萬莫爲：
陰曹無，勝陽罰：
昔顏回，居時雖貧：歿爲神。
達爾文，學說非。
愛讀書，識淵博。
善辯論，性機敏。
好寫作，心細膩。
嗜獨處，享靜安。

喜寂思，得玄竅。
空無想，悟道通。
守傳統，隨潮流。
非呆板，性活潑。
誨子女，獨立性。
以理性，善溝通。
不兒女，莫累親。
處社會，時代異。
科幻想，人心詭。
愛膨脹，認聰明。
因失實，防眾鄙。
秉本分，安天命：
憑天理，度春秋：
人道高，龍虎伏：

品德厚　鬼神欽：
心仁有　則慈悲
持義行　則世敬：
人肉體　載靈性
藉大道　淨無染：
眞身修　非遠尋
自家藏　反內照
猛然醒　亡心得
出明珠　亮宇宙。

爲父母　誰不愛
自兒女　昧不知
愧人親　爲兒教
誰不養　己父母
昧知恩　非兒女：
生是人　莫負心：

人負心　喪天良
世不諒　難做人
仇報親　親友鄙：
身父母　該嚴管
誨育兒　不禍世
爲人群　非害世
萬經母　數易道。
人悟透　明宇宙
依存律　互牽引：
循環情　天地理：
因天地　造萬物：
生老枯　返自然：
世人研　科技究：
永難探　宇宙密：
故人生　在群體：

370

相依存，否何世：
是互助，非鬥爭：
彼此協，共成長：
天地道，法自然：
人命軌，自掌控：
行越軌，遭淘汰：
善順生，惡逆亡：
處人群，守禮規：
是兒女，知恩養：
世風水，輪流轉。
東潮西，華文化，
飄歐美，滿街跑，
T恤衫，青少年。
誰能說，孔儒道：
不人類，崇仰德：

願世人，懷抱仁：
走天涯，行俠義：
知禮讓，守忠恕：
明禮常，本倫理：
祥和氣，照眾生：
龍華會，普天慶：
青少年，時代潮：
趨時髦，復古風：
東西方，有差異。
互模仿，久鄙棄：
因科技，電腦網：
知識得，豐心智：
性趣玩，一夜歡：
崇物質，失人性：
煩愁多，壓力增：

昧解脱，心悶苦：
返傳統，求樸實：
誦詩書，得園樂。
東西方，社會別，
文化分，生活異，
惟人性，皆天賦，
求理想，文明早，
但華夏，有上下，
因立國，處天中，
五千年，人資質，
地核心，生華夏，
爲天授，負傳承，
莫自鄙，宣文化，
天地道，是天意：
潤人類，

微蔣公，文判官，
降訓文，以三民，
主義行，各教徒，
訪明師，開三玄：
得返天，人人善，
佛面心，世大同：
因明師，救靈主：
天運化，辦收圓，
降天道，儒聖道，
蔣公簽，天皇中，
恩准辦，化災劫，
度蒼生，零用錢，
家兒女，代償賞，
以勞工，指使作。
雜務事，

以力得，用心安：
洗碗筷，清庭院，
知收獲，先付出，
挫性情，養習慣：
入社會，始明艱，
萬不可，溺縱愛。
學品優，方成材。
生爲人，惜用身，
善攝護，否用天。
莫認爲，因責任：
體力強，逞狠耗，
因酒嫖，夜不眠。
齡未老，衰殘相。
社會人，價值論，
固俱有，懷仁厚：

然社會，是大學：
非課本，所載有，
抱道德，守仁義，
以誠信，互勵勉：
立不敗，定目標，
肯力前，終可獲。
古傳統，新文化，
時代潮，莫拘泥，
不忘本，巧適應：
惟人性，守純眞，
社會上，各階層，
職工分，千差別：
人識見，有不同，
處何地，當自量，
憑實幹，領風騷：

御一方，才華現。
有創見，爲謀策。
立世功，德後仰。
青少仔，心夢想。
外天空，多炫美。
翹家遊，茫無苦。
但受挫，漂泊浪。
流街頭，誰同情。
沒處宿，返家轉。
快回頭，懺悔錯。
向父母。
書讀好，找工作。
有職業，安身命。
愼失足，恨千古。
一步錯，悔難收：

因人生，處世間。
防陷阱，腳踏穩。
善惡階，列一分。
心思善，行十美。
得十功，功十道。
美十德。
三道至，下界神。
中上分，高至佛。
思行惡，則反得。
失過惡，罪刑累。
善大惡，功過遞。
惡逾善，懲過獄。
善惡處，不含糊。
上天定，降旨錄。
非胡言，否譴重。

污泥塘，生白蓮，
紅塵土，培聖賢：
唱一首，成佛歌，
山高低，水深淺，
人行爲，有萬般，
心動念，起善惡，
惟上天，察絲毫：
亥道人，公愛仁：
龍華會，列仙班。
因遊戲，有例外，
爲特別，無窮極，
大天體，主宰變，
受混元，轉相因，
爲陰陽，居地球，一世間。

浮雲飄，吹塵煙：
守德行，愧負人，
生德人，主宰身，
守仁道，以求存，
秉爲德，處無群，
公義有，何寰業，
知心念，塵得美，
萬物生，人寰雄，
大自空，是曠野，
浩浩然，豈天際，
山海閣，水連天，
忙偷閒，消煩情，
唱隻歌，哼心曲，
吟首詩，朗誦詞，
論古今，棋變局：

三兩友：辯不休
數成敗：看起落
何苦計：爾我非
難得緣：與君處
在一緣：當惜福
今世起：共榮樂
人猶風：吹不息。
時無悔：追奔老
今時月：曾奔老
古今月：若流水。
月懸空：亮古今。
人賞月：惜此時。
心懂得：體諒人
是達人：心懂得
寬恕人：是德人：

不知道：坦溝通
是笨人：不知道
提明白：體天道
人聖情：明賢人
是明白：不癡人
察物觀：悟真理
人客觀：主觀
執著智：以愚公
是處世：秉以公
人處世：秉以私
是明人：處暗人
秉以私：處暗事
人待人：守一誠
是得人：對人人
用詐偽：是因人。

東西方，因文化，有差異：
研科技，看不同。
為人見性，天賦生，無可議：
惟真理，復人性。
求肯定，孔儒學，揚恕德：
均潮流，崇禮義道，興仁生德。
是道？否歟悲。

蹺報生，戀物慾。
心靈迷，失學域。
電動玩，損友害。
誤入囚，施靈修。
教誨悟，莫復憾。
敗不餒，算男兒。

業有成，知回饋。
報親友，謝恩情。
柯媽媽，兒車亡，化大愛，十年力。
強制險，法立賠，功益眾，德宏遠。
為駕駛，謀群利：
撞死人，難心安。
施無酬，醉莫道：
功德高，留世崇。
守本分，安天命。
憑天理，度春秋。
道修高，龍虎伏。
德品厚，鬼神欽。
貼心情，情結誼。

道德友，仁義師。
立社會，缺不美。
爲天地，立心道；
爲生民，立命人；
爲往聖，繼絕學；
爲萬世，開太平。
爲傳承，千秋頌。
社會學，人類課。
萬般系，時在變。
唯道德，永不易。
孔儒風，終不揚。
忘祖訓，非人性。
身入世，心莫入。
心出世，身難出。
出入世，身心得。

得出入，入何迷？
迷因戀，悟離苦。
著不悟，情戀執。
煩世因，生為煩。
人惱世，達天人。
地通達，人當地。
樂養人，會生樂。
存社社，道德存。
行以義，義薄行。
天仁良，有是天。
人生美，美世人：
入社會，爲社會。
社會人，愛社會。
做社會，好良民。

三、國家文史觀念篇

韓振方

國家何？人集家
家合族族群融
融家王道道立國
國非武武不仁。
身國民宜明史
昧知情有負人。
大中華民族源。
本天生承天道：
緣宇宙混沌濛
自盤古闢天地
陰陽動氕化人：
天地人稱三才
日月星天三寶

水火風地三寶
精氣神人三寶。
浩浩空空宇宙
運化道萬物生
生因道難無宰
冥冥中居聖極：
宰宇宙謂混元
萬物源運操控
尊天父化有像
以無象上人名：
稱玄玄稱玄玄
聖極地位頂天
緣聖極而無極

起
極
極

因
無
極

一動靜
而太極

分陰陽
而復動

陽變因
互爲極

分五行
兩儀立

四時序
合而生

爲陰陽
五氣通

太極也
合陰陽

本無極
一太陽

異其性
無極眞

二五精
妙合凝

凝靈炁
炁化生

乾道男
坤生女

二氣感
化生物
⋮

物萬生
生而變

太極動
而生陽

陽極動
而生陰

化靜動
人得秀

性無窮
形既生

神至靈
五性既

動發知
境五性

善惡分
萬情好

聖人定
之中正

仁人稟
而主靜

立義極
故聖人

與天地
合其德

與日月
合其明

與四時
合其序

與鬼神
合其吉凶
⋮

爲君子，修之吉；而小人，悖之凶：立天道曰陰陽，立地道曰剛柔，立人道曰仁義：斯復曰：因原始而反終，知生死，易變矣：大天地，陰陽化；小天地，化人身。無不覆，是謂天；無不載，是謂地；無不仁，是謂人。立兩間，秉正氣；位天地，感恩情。

抱仁義，作聖賢。守道德，爲世人。仰不愧，俯不怍。處塵寰，本忠孝。伏羲氏，自天降，陰陽分，畫八卦，以陽彰顯，婚嫁娶。河圖龍，乾坤理，神農氏，嘗藥書，作耒耜，聖炎君。有熊氏，尊黃帝，公元前，二千七，誅蚩尤，創中國。神州地，開國祖：

命大撓，制甲子。
令伶倫，定律呂。
隸首制，計算數：
託岐伯，作內經。
妃嫘祖，蠶治絲：
著倉頡，造文字。
取象形，得天厚。
藝術美，畫中詩：
茲開物，成務道。
昇平世，擊壞歌。
葛天民，鼓舞樂。
前三皇，尊始祖。
天運化，時難計：
自軒轅，算紀元。
義農黃，羿堯舜。

稱五帝，禪讓賢：
禹承舜，治水功。
夏商周，謂三王：
家天下，自夏始。
行封建，百國封。
干戈興，孔孟拯。
號春秋，五霸爭。
王綱墜，爲戰國。
七雄爭，五霸戰。
滅六國，秦嬴政。
稱始皇，廢封建。
公元前，二〇二。
楚漢爭，劉邦勝。
都長安，後洛陽。
東西漢，四百年。

二四主，終獻帝：
大漢族，天威名：
武帝雄霸百家，獨崇儒傳道統，仁德彰疆域廣：
東漢末，阿瞞起，曹丕簒魏蜀吳，三國鼎晉混宇：
五胡亂，遷建康，南北抗劉裕宋，齊梁陳稱南朝：
胡建國始劉淵，終後秦十有六，爲北朝百七載，胡與漢雜相處。

儒文化，化夷異：
隋文統前五代，唐李淵起太原，三百年稱盛世：
朱周繼梁唐晉，漢國立後五代：
十三秋禍亂起，五國變紛擾爭，陳橋變趙袍身，北南宋十八主，邊民強蒙族侵：
長城外金敗遼，元滅金吞西夏：
併南宋大一統，霸中原三西征：

跨歐亞，譏黃禍：
權朱逐，明洪武：
崇禎哀，失國痛：
李闖王，攬圓圓：
吳三桂，邀滿兵：
清入主，帝北京：
十二傳，喪權辱：
列強國，爭瓜分：
鴉片戰，門戶開：
江北地，面積廣：
俄強掠，莫忘責：
炎黃裔，何日復。
避戰亂，躲兵劫：
河洛民，南徙遷：
士闖族，渡長江。

贛閩粵，山區隱。
當地人，謂客郎。
歷代朝，爭皇位：
暮氣衰，動亂頻：
殺伐連，稱王霸：
哀為民，專制悲：
痛窮狗，供奴役：
天中華，降何辜：
孫中山，生廣東：
興中會，倒滿清：
十次敗，志不餒：
立黨號，曰國民：
三二九，碧血飛：
覆帝制，辛亥功：

十月十，國慶日：
東亞艦航民主號，肇中華民國自茲始。
民國民主國號：公紀元一二年，元月一日開國日：
都南京，國旗飄，為首任大總統：
創三民主義名：首民族，次民權，而民生；次潤化為首：倫理、次民主、而科學，興中國：
懷博愛，天下公：求統一，不戀棧：

讓位袁，搞實業。築鐵路，裕富強，人民崇尊為國父。
竊國閥，爭權叛離，為哀國，任走狗，直奉邊戰，馮電邀。
南北合，國是商，巡黃埔，自廣州，作國歌，訓話詞，告扶桑：
三經詞，繞日本，至天津：行王道，入協和：身勞瘁，民十四，三一二。

痛殞崩，舉國悼，
寶島生，尤痛傷：
北京西，名香山，
碧雲寺，有國父，
衣冠塚，千秋祭，
在南京，紫金山，
中山陵，巍峨崇，
倡民主，行自由，
功人類，封爲神，
護漢帝，偉慈君。
大中華，民國旗，
陸皓東，心血創，
青天日，滿地紅，
旭日升，光芒射，
義涵深，彰國威。

國父訂，不容更。
蔣中正，名介石，
承法續，長黃埔，
首東征，平叛亂：
北伐統，全國歡，
軍整編，富民裕，
圖建設，心志強，
除軍閥，野政客，
藉外力，自霸雄，
列強伺，內訌烈。
民十年，七月一，
中國共，羽翼生：
民十六，八月一：
南昌暴，潛井崗：
蘇維埃，紅共區：

五圍剿，逃陝北：
陝甘寧，自建政存。
西安變，得倖存。
日窺隙，遭踤躅
半江山，七七戰
全民憤，爭赴前
八千萬，爲國捐
論物質，難藉聯
陝殘共，擴兵展
假抗日，振臂呼
委員長，召全國
志青年，救存亡
去參軍，民三四
八一五，時八年
敗寇降。

德報怨，不索賠：
日軍民，遣返國
九月三，遞降書
勝利日，舉國慶
收東北，復台澎
不平等，一筆勾
創聯國，列四強
民三五，五月五
凱還都，祭國父
制憲法，還國父
民三七，舉政總
蔣當選，國慶歡
因翌年，位讓李
辭隱退，國事非
惜國共，爲爭權：

勢消長，力衰弱：
民三八，府遷台，
城台北，作首都：
以自由，中國一，
民三九，蔣復職，
應天命，揚文化：
力經建，展交通，
闢山海，普高教，
研科技，世人欽：
黨禁開，廢戡亂，
行民主，施憲政，
選公僕，民票決，
中國人，出頭天，
四九後，神州地。

十月一，毛建政：
府北京，產無私，
鎮肅反，批鬥狠，
紅黑類，階級分，
一言堂，插紅旗，
總線路，大躍進，
搞公社，人相食，
鄙孔孟，揚暴秦，
抓右派，毀文物，
哀神州，鬼地獄：
七六年，毛馬召，
屍未寒，妻入牢，
文化革，十年劫，
慶收場，見日光，
華國鋒，凡是守。

鄧青天，鬥奪權：
實踐論，得勝出：
反毛政，廢公社：
復文物，僧俗還
大文革，行兩制：
收港澳，搞經建
民主苗，火撲滅：
誰點燃，照塵寰
功蓋世，國人頌
鄧斌權，幕後操
前台戲，令扮演
美其名，工程師
八九年，六四屠
趙紫楊，犠牲品：
魏京生，投秦獄：

十八載，江釋出：
民運士，流海外：
爲民主，張旗揚
倡自由，鄙專政
開黨禁，選公僕
人民願，權專政：
昔帝制，視江山
皆屬朕，今一黨
認天下，只一人
背潮流，達五十
兩岸分，五十載
各圖強，目共睹：
時久合，天命定
大一統，在民主
外蒙古，烏梁海。

屬中國，勿置疑：
前蘇聯，煽動獨，
唯國府，不承認。
有代表，參制憲：
非會決，勿敢議，
待民主，全國統，
自回歸，族歡騰。
大陸地，行政劃，
省二三，直轄市，
自治區，各分五：
金馬台，省爲二，
院直轄，市有二，
一中國，兩政權：
台灣是，新中國，
海燈塔：待他日

府不府，分爲一。
中華族，炎黃裔，
合邊疆，五十六：
十一系，原住民，
民六四，待平等。
蔣公崩，掃墓節。
晨晚晴，夜雷雨，
街案祭，曆民哀，
神州統，旁中湖，
心願償，有功國，
天皇中，封神位：
爵一品，文判官，
仁德君，位列尊：
先天道，簽准辦：

設宗教，化眾生；
拯蒼靈，挽世劫。
倡仁義，復人性；
揚孔儒，振道德。
嚴家淦，承法統；
未競選，經國出。
今不做，會後悔；
十大建，經貿雄。
六七任，憾未滿：
副總統，承大政；
爲民主，立宏規。
票直選，任公僕；
縣市長，非令派。
八九任，總統座：
多黨爭，光榮出：

鄙專政，華五千年；
開先河，華人崇。
行民主，非西方；
專利品，不歡呼：
台灣省，非選長；
爲中經，非廢省。
今代朝，帝昔承；
歷夷民，尊華相：
四天朝，因國父；
爲帝制，建國號。
倒帝制，建國號；
以中華，民國稱：
猶日本，昔倭奴：
而印度，是天竺：
集部落，改今名。

中國地　處地球
歐亞東　立天心
族融和　民智聰
山河麗　雄壯美
文物優　稱禮義邦
位中原　稱中國：
因黃帝　道伏魔：
為天授　謂神州：
生中華　福修難言：
身載道　修返天：
國疆域　歷朝異
有清代　除俄掠
在民國　含外蒙
萬一千：但目前
只面積：九千六：

論元朝　疆界廣
俄京西　莫斯科：
歐亞地　南巴印
東白凌　跨海峽
加美墨　原住民
史學證　天華夏
黃河水　萬里來
長江流　天上奔。
源青藏　世高峰
四季冰　雪溶夏
黑龍江　松花江
長白山　有天池
金沙江　峰岸險
灘江魚　舟歌唱
珠江麗　風光美

流非南，東入海，
五嶽壯，黃山奇，
為中華，增榮輝。
中外人，昧遨遊，
枉負生，待何時？
東海壞，釣魚台，
北海壞，漠河縣，
西域地，喀什城，
南邊界，太平島，
四鄰土，國門戶：
台灣省，海南島，
是中國，兩隻眼。
三大洋，進出道。
昔琉球，改沖繩。
權中華，美移日：

清光緒，五年時：
為漁民，誤入台，
遭捕殺，迫讓台：
開羅會，同清未訌，
雅爾達，會未參，
美改託，憾內解。
國勢弱，待統華？
偉大哉，吾中華，
處東亞，幅員廣，
文史久，寶藏豐。
海崇葉，民族優。
山河繡，惜殘缺。
守六倫，振三綱。
秉八德，尊四維。
抱五常，三達德。

倫常序，家國興。
國父雄，倒滿帝，
推專制，締共和。
行民主，選公僕，
立國綱，建設圖：
兩岸合，合富強。
和平統，統世人，
人仁義，義氣人，
人崇道，道德化，
化人人，人心美。
泱泱乎，大中華。
國父說，國家者，
載民舟，行海上，
遇風雨，同心協，
共謀濟，渡平安。

宇宙宰，地球現，
前三皇，治蒼生，
軒轅氏，肇中國，
唐有虞，禪讓賢，
後五帝，父傳子，
聖孔子，忠奸判，
南北朝，夷雜處，
逐鹿熊，

以運化，爲之人：
以正道，爲之禮：
以伏魔，爲之祖：
以二帝，爲之盛：
以夏始，爲之亂：
以春秋，爲之義：
以胡侵，爲之融：
以王霸：

民南遷爲之客：
惜君主以人民
作芻狗爲之帝：
國父仁以革命
倒專制爲之國：
痛軍閥以私利
互殺奪爲之權：
世列強以瓜分
國不國爲之哀：
蔣公德以勝日
創聯國爲之功：
府遷台以裕民
力建設爲之行：
馬列史以階級
狠批鬥爲之綱：

毛得權以詭謀
玩人民爲之暴：
鄧青天以堅持
反毛政爲之軸：
二十載以改革
搞經濟爲之起：
問何人？以黨禁
爭開放爲之雄？
世豈無？以民主
人自由爲之求？
居時行以兩岸
選公僕爲之統：
分久合以中華
民國號爲之富：
華文化以王道

睦列邦，爲之交：
中華史，以之久：
五千年，爲之下：
華人語，以之通：
國際化，爲之文：
先天道，以之宗：
化世劫，爲之教：
扶弱小，以之傾：
輸文化，爲之世：
龍華會，以之心：
佛面迎，爲之聖：
國父志，以之愛：
天下公，爲之同。
戲舞台，要班底。
扮角色，始上演。

昔專制？搞政權。
何不然？今有異。
民主制，選公僕。
任領制，無才德。
乏人導，一班底。
不政績，何鞠躬？
僑人情，炎黃裔。
涉外民，闢新土。
婚重洋，非國人。
籍不易，好兒女。
大道行，天下人。
人揚善，善心人。
人中外，外向華。
華文化，蘊乎中。
綱倫常，人人守。

揚四維
治亂鋒
復仁義
彰昔風
德功言
徹始終
力推崇
群響應
光明磊
秉正氣
共勉行
竭智忠
爲警鐘
家國樂
世大同

振八德
尊孔道
敦親鄰
守望助
立諦序
倫常風
心美建
修齊家
守真理
祥和群
振國魂
興中華
民歡騰
地球村：

禮運篇
召世人
崇中華
化民同
生國人
幸福人
蓬萊人
佛化世
儒治世
道度人
生歸宗
先天道
降寶島
福中華
自由花

豎聯國
人類崇
華文化
同文生
人潤生
人榮幸
人蓬萊
世世崇
人世本
劫人生
宗天降
道天降
島民福
民國榮
開蓬萊。

民主果　人嗜食　美不私　醜難世　善人心　德世人　昔帝夢　在華夏　民芻狗　不專制　朝野爭　權盜手　近代史　東西強　爲病夫

灑神州　甜心美　私心醜　心世人　心仁德　人歡騰　逐鹿客　該休止。　五千年　人心望　明暗鬥　執民益　傷淚痛　辱華人　南京蟲？

滬公園　國礦權　祖國人　鄙國人　私欲鬥　昔病前　外人病　大國風　講禮貌　行王道　炎黃裔　源黃河　流八方　合邊民　華文化

人狗禁　外人採　遍國疆　猶散沙　痛悔改　昧團結　保尊嚴　決決爲　重仁義　不武揚　中華族。　兩岸流。　龍傳人　爲一家。　緣天授。

本於道，倡天理，進退節，行仁德，中國人，爲世界。超俄人，前失地，外片地，惜未墾，耐寒霜，突厥種，韃靼族，縱橫揚，獎遷徙，

佈四海，守文明，睦處中鄰，人口眾，五分一，十倍餘，黑龍江，土肥沃，華民性，昔遼金，建元魏，女眞人，策馬馳，民同類：

非俄裔，政府辦，猶日處，播文化，孔文德，心秉道，身修道，天人合，神人修，德歸宗，先天道，天門入，天門開，中國字。

何不爲？貧協西，風僑同，化俗域，德異心，道潤身，道返天，合爲神，修心德，宗天降，道契天，入西天，開戌寅，字天授。

授藝術　書畫詩　養心性　道德修　人性美　練功法　窺入神　合意天　生中國　度新年　同西洋　開國日　升旗禮　表國民　度農曆

只愛晨慶過有天神法美修性詩術
中國參元陽二筆得勤身含怡美
國心加旦曆個氣舞合窺練人道養書　。
（只中國，愛國心：）

春節歡　貼對聯　家團圓　叩列祖　兒童笑　壓歲錢　祝發財　有尊長　生肖年　迎財神　吉祥話　外域人　禮義濃　元宵節　猜燈謎

有年味　放鞭炮　拜天地：　跪父母　大人樂　年夜飯　見恭禧　不忘見　行大運：　發大財　不離口：　慕中華　心向學：　吃元宵　看花燈：

舞龍獅　踩高蹺：
蓬萊島　仙佛地
紀念堂　巍峨崇
農初月　十五日
開燈會　人山海
潮湧睹　中外客
絡繹途　民俗館
花車競　儘出籠
歲肖屬　賢廣場
光芒照　天空閃
雷聲動　歡鼓掌
少扶老　壯攜幼
青男女　眼眉笑
生寶島　今世福：
端午節　賽龍舟

吃粽子　祭屈原：
中秋節　食月餅：
賞月亮　閻府聚：
中元節　祭鬼月：
外國人　萬聖節
陰陽平　無聖節擾
為中華　爭榮耀
秉氣中　歷朝多
可歌泣　自黃帝。
開國時　忠難比干數
首陽山　殷比干：
漢蘇武　關雲長
文天祥　岳武穆
史可法　義烈雄
倒專制　林覺民

黃花崗，碧血飛：
敗日戰，爲國喪，
張自忠，王銘章。
搞內訌，爭權柄，
籲國人，莫心狠，
爲領導，殘心懲：
身地牢，千秋悲，
痛當年，六四悲：
北大生，楊晨光，
郭尚義，蓬萊顯，
呼號情，聞哀淚，
爭民主，訴屠城。
身國民，心築建，
忠孝塔，仁愛台，
信義道，和平牆

四維路，五常站，
三綱峰，倫德山，
抱慈悲，懷光明，
立天地，行中外。
忠能仁，國德彰，
忠能和，國政舉，
忠能勇，國難消，
忠能義，國不亡，
善之最，國盡忠，
惡之醜，國民權：
身爲國，忠忘家，
命疆場，孝民族：
爭生存，捐是雄，
身國民，問自己？
爲國家，做了什麼？

莫問國，做了什麼？
先爲妳，應反省。
人愛國，國興人。
人積國，國家興。
身之國，代表國。
猶在人，榮宗祖。
保國家，本禮義。
僑異域，揚文化。
化夷同，同中華。
華人美，美仁守。
守忠愛，愛民國。
中華地，江山麗。
河海闊，峰嶽雄。
塞外情，大草原：

牧民豪，馳騁揚：
歌嘹亮，響雲霄：
風霜寒，雪滿天。
鳴嘶聲，嘯長空。
馬羊群，蒙古包：
中華兒，炎黃裔：
龍傳人，千秋唱：
立天地，正氣揚。
爲人身，秉道義。
是國人，守道德。
世人類，字語美。
數華夏，中國文。
凡炎黃，當自守。
力化夷，宣寰宇。
身立處，在何方？

首認清，自辨明。
家抑客？離外僑？
宇宙內？何星球？
是太空？那銀河？
炎黃子，中裔非？
龍傳人，忘國郎。
身中華，華夏地。
地民國，國兩岸。
岸中國，國兩榮。
榮民主，主權統。
統孔儒，儒仁德。
德文化，化世同。
同人民，民歡慶。
慶今生，生蓬萊。
蓬萊人，人心美。

美化世，世上人。
人仁道，道德統。
統文化，化列邦。
邦交國，國文化。
大中華，周邊國。
聯盟結，共創榮。
首東亞，合歐陸。
非洲地，中南美。
新大陸，北美洲。
海洋國，約民國。
世列國，爲一家。
華文化，普澤被。
中華族，國威權。
瞠乎人，遜列強。
究主因？擅內門。

前車鑑，勿覆轍。
兩岸統，世富強。
不權私，行民主，
國人心，當戒勉。
盜江山，攬美嬌；
逐鹿客，非潮流；
時變遷，不容今。
天下公，選公僕：
風雲起，擂戰鼓；
多黨競，展雄辯；
爲民謀，選賢能；
數人頭，勝歡呼；
宰浮沉，非君誰。
問此景，何日得？
德先生，
賽先生？

生蓬萊：道先生，
問國人：人守否？
國父說：民國者，
是中華，天子也：
大中華，非國人也：
爲民主，身勇犧牲。
爭民公，民選也；
爲公僕，民非專政。
推專政，口號響；
千千萬，烈士健雄；
權盜手，毛令門；
口聖旨，違達令；
玩人民，於股掌；
功勳將，斷頭台。

封元帥，鳴呼哀。
搞權慾，曇花現。
為人民，立德業。
數史乘，歷朝霸。
千秋世，臭彰顯。
哀華夏，五千年。
皇位爭，變色龍。
帝政學，鄙授人。
專政術，無人買。
惟選民，將作主：
謂國人，奴隸性。
何悲民，看蓬萊。
舉公僕，競鬥烈。
政不美，一鞠躬。
哀神州，文物悲。

紅朝政，搞批鬥。
幾千年，文化寶。
仕官家，無不豐。
運動聯，除不遺。
文革時，破四舊。
寺廟庵，僧道俗。
鄉村地，成沙漠。
幸開放，復昔難。
世人謂，毛建政。
功佔二，昧治理。
罪列八，待定論？
中華強，強因統。
央人非，難自雄。
日照紅，青天白。
報佳音，傳寰宇。

是炎黃，精神糧。
神州俠，京夫子
筆撰稿，中南海
寫盧山，誌異文
述內朝，反覆情
大紅湧，權力門
暗潮幕，翻雲雨
搞權謀，術玩弄
饑無食，執憐憫
還上山，做神仙。
整功狗，哀元帥
故宮院，台重建。
國寶物，隨府遷
寶藏豐，換展觀
七萬件，幸保存：

寶島地，文物美
在農鄉，慶保根
宏史觀，古跡寶
文物護，忘非人
龍傳人，智慧聰
研發展，國際獎
昔落後，迎頭趕
利民福，多益善
高普考，國選材
職等甄，不人後
有心公，力爭前
為民謀，守學廉
本中立，無派別
服人群，有私非
為公僕，食俸祿

守法先，不愧職。
人民益，公僕護：
謀眾利，潔身愛：
漢楊震，夜拒賄賂：
天地知，公不私。
委身國，監不盜。
格不辱，危不潛。
正不邪，保衛國。
節不失，最光榮。
身國民，何有家。
服兵役，人為國。
人無國，無征伐。
家國人，百業興。
國太平。
民競勞。

華民哀，哀江山。
山濁水，水飲禁。
禁施法，法輪獄。
獄轉學，元學極。
功元極，極學非。
舞真善，善忍佛。
世上劍，在武當：
五嶽崇，峨嵋麗：
觀光點，無煙鹵：
權爭戰，勳投資：
科研發，裕民生：
天心仁，德萬物：
人性醜，惜嗜鬥：
強逞霸，爭名利。
倒黑白，鄙情逆。

揚仁義禮智信
守忠孝廉節秉
導引善挽世風
國民富知書禮
待遠客猶家人
道儒釋三教興。

儒治身非化世
道度人化世道：
指天降先天道
白陽期辦收劫
拯蒼靈挽世劫圓
華文化是潮流
土難擋湧八方
天高山遮不住
水淌向入海洋。

揚仁義風道德揚
仰世人人崇仰
榮中華華人榮
浩民國國富強
宇宙宰混元祖
化古今今降運道。
先天教設蒼生
有特色尊崇儒
本獨立非隸屬
包容性廣度人
以宗教家庭化
以家庭慈孝化
以慈孝倫常化：

409

西天門，門入神：
天門開，開西天。
子做好！好返天子。
否難化，化生子。
以論語，算盤化。
以人文，論語化。
以仁義，人文化。
以人心，仁義化。
以天理，人心化。
以人性，天理化。
以道德，人性化。
以做人，道德化。
以忠恕，做人化。
以生活，忠恕化。
以倫常，生活化。

猶國人，人心歹：
有逆子，不肖兒：
湖湘話，因家中？
化生子，作何解。
人人德，德大同？
人不忘，忘非人。
性失人，人心人？
武因迷，迷氫性。
研核因，化科武。
劫天化，人救研。
道歸天，降天劫。
人心降，先天道。
人神宗，佛面人。
人仙佛，神仙人。
神仙做，做好人：

歹惡人，人邪魔。
魔亂世，世不平。
網際腦，人研發。
身家路，螢幕網。
不底中，得需要。
海外遊，自歐亞。
經非纜，七十國。
逕話談，商機展。
科技暢，利人往。
今中國，天運化。
兩岸分，各圖強。
終將合，合民主。
主權統，統富雄。
雄文化，化世同。

同中華：
念一統，民國春。
全球化，科技化。
人權化，資訊化。
炎黃裔，現代化：
問時代，趨超前？
非帝制，潮流何？
非霸武，非專政？
為自由，為民主：
不干戈，為和平。
大中華，彌核醒。
本王道，睡獅醒。
中國人，以人本。
華文化，以人文。
為中心，非擴張：

非心物，爲訴求：
人放中，內向外：
看四方：左青龍：
右白虎，但重視：
背玄武，風水景：
人國人，甚物質：
惟精神，心物重：
生活上，人之心：
族史延，大無外：
哲學上，性之明：
小無內，榮之宗：
名譽上，聲之傳：
功德言，忠事國：
觀念上，心之安：
孝養家

作爲上，秉四維：
抱倫常，行之世：
做人上，守中道：
不偏倚，持之德：
心理上，同情弱：
扶濟傾，看不平：
行爲上，仗之義：
拔刀助，大我前：
思想上，心之念：
小我後，承天地：
文化上，爲之責：
傳道統，科技學：
研發上，輳之超：
航太空，鄙專政：
看法上

不人雄，民之主：
國土上，歐亞陸：
位東上，崇之葉：
人種種，色黃類：
稟東方，質不分：
待族等，別融之：
道平上，承之堯舜：
一貫德，傳之遠：
時空上，緣之命：
位天心，性之靈：
人身上，合陰陽：
道炁化，育之體：
立天地，守正氣：
懷仁義，客四方：

身黃裔，守道統非。
龍傳人，重倫常
崇國綱，尊四維
八三德，萬國仰
復三興，王道化
為孔儒，文明國
是人類，立國基
根中積，人友家根基：
家中和，和親友人睦：
友人睦，族人睦：
人類人，互相協：
人類人，人相協：
愛家人，愛家國：
協圖強，協圖強民國：
國境通，通列邦：

邦無阻，阻非人：
人國人，人合道。
道通天，天返天。
人做好，禮神明。
敬天地，保民義。
愛國家，始炎國。
秉忠孝，比中人。
本仁道，愧不黨。
外域人，矜不驕。
還中國，化夷同。
客五湖，遍國疆。
是炎黃，鑑察神。
儒仁風、土地廟、庇佑民。

地僑何？心中有：
叢林峰，名剎多。
佛道觀，僧侶修。
清靜地，山水幽。
淨己心，心化人。
生中華，華人榮。
榮世人，久性文。
明史久，美因德。
文物美，族心優。
德民族，天天道。
優度人，人回天。
道度人，合民國：
天人合，愛中國。
中國人，好國民。
做中國人，好國民。

四、地球人類宇宙篇

韓振方

大宇宙，小地球
球星繁，繁衍類
類別生，生緣道
道炁化，化萬物。
立地球，上觀天
天日月，月星空
空茫茫，茫茫空
空茫聯，聯太空
身太空，俯反觀
人地球，在浩瀚
宇宙內，微光點
藍色星，發光體
太空梭，遊太空。

穿銀河，太陽系：
循環人，九行星
星際外，復行星：
有人類，伴銀河
等光度，環繞天体
天体系，復繞轉星
宇宙空，空行星
大太空，空萬方：
旋轉宙，運軌千古：
天循輪，地旋軌
人倫序，轉不息
行亂轍，復混沌：
宇宙体，氣虛空。

塞乾坤，混元宰。
尊天父，以無象。
化有像，日玄玄。
上天尊，宰運化。
化大地，山水明。
人陸居，魚海衍。
天不言，地不語。
冥冥中，有主宰。
以空論，居不極：
道運啓，日無極。
陰陽動，因太極。
萬物生，人至靈：
以時言，子開天：
丑闢地，寅生人。
以天干，地支演。

六十年，一甲子。
大周天，爲宇宙：
小周天，是人身。
天與人，道育生。
時萬古，憑孕化：
緣人類，跟地球。
姊妹星，環繞著。
太陽轉，而太陽。
屬宇宙，銀河系：
最近体，距地球。
時光年，七十二：
一光年，十二兆。
銀河系，星群繁：
爲宇宙，一部份。
星螺旋，楕圓狀。

猶似如，白芝麻。
點貼綴，通天柱。
數之多，恆河沙。
人地球，在其中。
質天體？問宇宙？
人星球？請看月，
繞地球，照日向背。
明暗分，太陽系，
別銀河，千秋：
人地球，想當然？
科技探，迷究研？
兩球星，通交往，
太空船，載人遊，
火星上，北極地，
大平原，廣無邊。

地球轉，是橢圓形。
火球旋，爲橢圓。
最近距，公里十。
八千六百，地球五十。
天月亮，繞地球。
而月球，循太陽。
但自轉，爲一年。
其自旋，是一天。
公轉日，三六五。
自旋時，二十四。
周復始，止則濛。
因地球，自轉時。
千六百，公里速。
眾星球，互吸引。
爲恆動，旋不息。

懸宇宙，太空中：
中心何？非地球，
非太陽，天極點，
是聖極，混元殿，
非人知，唯天父。
地球距，另銀河，
時光年，二三〇
萬里遙：大星雲，
科技精：探測玄，
月火星，兩星球，
科技研，將有網通，
光年速，何有涯，
空無涯，無涯空。
自太空，看地球，
猶彈丸，翻騰動。

海陸分，山水明，
彩變幻，景色麗，
似呼吸，懸空滾，
循軌道，旋不止：
窺萬里，長城晰，
天山池，神仙鏡，
長江流，似游龍，
黃河水，九曲轉，
太平洋，大西洋，
巴拿馬，運河連，
蘇伊士，兩洋通，
亞馬遜，黑森林，
麥哲倫，航海家。
哥倫布，新大陸，
為人類，闢新天地：

418

明鄭和，哀尋帝。
痛專制，知內鬥。
地球圓，水陸連。
歐亞非，中南美，
大洋洲，爲島嶼：
處海中，生陸地。
陸海生，人至靈：
爲海生物，千萬類前？
和生存，競爭前。
自然界，不干戈。
山海護，生態平。
否殃劫，停者止。
爲育化，地球人。
天慈憫，依地區。
神設教，有五大：

儒釋道，耶回別：
支脈雜，獨儒家：
無分派，傳千秋。
儒仁德，釋慈悲。
道惻隱，耶博愛。
回善良，亥子道：
秉天真，心身俱異。
性無別，人類史。
像鐘擺，往左時。
則反右，中左時。
停者止，止無難進。
事實上，昧哲理：
現代化，人夢想：
力追求，求兌現：

到彼岸、則反駁、左右非、無偏行、華文化、地球人、存天理、行正道、見義勇、守三綱、遵倫常、人啓發、善良心、博愛心、公德心

始徹悟、回頭航、惟道中、行中華、化左右、心中有。主忠恕、本良知、崇德修、抱四維、奉八德：仁德心、慈悲心、惻隱心、童稚心。

天下公、消浩劫、天音傳、因天眼、有地眼、宇宙宰、降大道、立宗教、教宗旨、白陽期、何收圓？亥子道、崇孔儒、揚仁義、地球上

無私心：否混沌、妄語譖：觀察心。混人祖、名亥子、化世劫、揚天心、辦收圓：生歸天、復道德：知廉恥：六大洲。

國家區二二四：
南極洲歐州國
五十二中南美
五十一大洋洲
二十六在亞洲
五十六而非洲
三十九未包括
聯合國入會員
百八九二次戰
開羅會四強創
蔣羅邱史魔頭：
大憲章首筆簽：
古文明數華夏
對人類貢獻宏
早發明造紙術。

活字版書印刷
指南針黑火藥
渾天儀圓週率
醫葯精機織布
沿絲路南北有
傳歐洲次大陸
我先賢邁世人
因專制迎頭趕
惜不前非黃裔
美食調世人讚
書畫藝外難有
今科技高精專
氫核彈射衛星
計算機妙神通：

太空梭，遊星際。
網際路，通天地。
聲光電，迷惘心。
人病毒，腐蝕性。
猶非人，堪可哀：
設非挽，否歟域。
諾貝爾，得獎主：
在巴黎，會結言。
向東方，孔儒聖。
學智慧，復道德。
返人性，拯世劫。
科技研，福人類。
物化探，非害生：
大未來，進步速：
日千里，不為炫：

凡是人，人文念：
孰拋離，倫常理：
道德觀，難謂人：
時變何？人難守：
人應守，守傳統：
統孝親，親賢傳：
德配天，天可賢：
返人世，世上賢：
人崇儒，儒潤世：
人治身，身難離：
非機器，器難離：
人本道，道德難：
張仁義，義立世：
世上人，人是人：
亞歐陸，築鐵路。

東連雲　西倫敦
南極地　北極日
海底新　通韓國
菲印尼　南亞國
無阻隔　日夜往
何疆界　免簽證
空中飛　四方達
在地球　建國家
論面積　有大小。
土地廣　推俄國
數人口　算華夏
最富強　爲美國
天運轉　中超前
但爭氣　非鬥氣
地球人　人相協。

念紀末　戊寅年
天奇景　獅子座
流星雨　夜壯觀
地球看　蓬萊顯。
地球貌　凸凹顯
凸爲山　凹爲水
最高峰　在中國
八千八　帕米爾
陸地邊　是海洋
三分陸　七分水
可耕地　十分一
土有限　人年增
不節制　將患滿：
地球殼　山水情
育萬物　供養生：

珍惜寶，否枯竭：
海底深，兩萬哩。
動植物，衍類繁，
油資源，儲定量。
時百年，將用枯，
另能源，速研替。
德國人，猶太裔，
諾貝爾，生化獎，
二戰時，希特拉，
毒殺死，五百萬，
自同胞，營囚亡。
生悔憾，嘆時晚，
籲人類，莫研發，
核化武，毀滅性，
死非他，族家人。

弗利茲，哈伯哀：
呼科研，當知戒：
何鳳山，護猶太，
是中國，辛德勒，
仗義行，以贈獎。
外星客，看地球，
鄙人類，茫盲爭，
研氫化，毀生物。
製污染，失笑歡，
地球語，語交談，
談同化，化以德，
德仁義，義禮興，
興四海，海內和，
和平處，處謙讓，
讓以誠，誠交往。

往歡，歡心語。
語來懂，懂華文。
文人別，美人類。
類化美，別不族。
族融和，和本道。
道德興，興地球。
球星人，人向華。
白紙上，活黑字。
記人類，時動史。
孰管領，主風騷。
唯華夏，法未來。
來依法，眞天降。
降天眞，法天道。
道施法，類同化。
化人類，中華：

華人身，身有道。
道無法，法輪功。
功無元，元極舞。
舞一家，家慶歡。
地球疆，本無界。
若謂有，縱爲劃：
昔時民，阻馳騁。
何今日？任遷徙。
地球村，爲國籍。
聯合國，人一家。
大鎔爐，大同現。
國父心，地載物。
天覆地，物育人。
人德天，昧是人。
天不昧，是人。

大地子　歌吟唱
天地闊　宇宙茫：
乘火箭　上太空
探星球　登月宮
地球人　僑何時？
世人類　共研發
太空船　空中留
在空中　設空站
去火星　將實現
冰觀光　火山爆
地球暖　日去寒。
紐西蘭　恰單島
在蓬萊　是蘭嶼
千禧年　首現日
地球殼　鑽破通。

海底城　建公園。
人夢想　不會遠
宇宙群　外太空
銀河源　難數計
在萬古　洪荒年
光億萬　星球系
穹蒼極　玄不測
紅外線　影攝機
哈伯鏡　難究底：
最古早　超新星
今發現　艾比諾：
距地球　億光年
百八十　地心力
牽引旋　否有人
待驗証　天文家

苦心研 明究竟。

海底生 陸地長

育人類 只地球

宇宙宰 乑運化

億光年 地球現

造山海 產萬物

物養人 人感天

滿太空 彗星群

殞石落 撞地球。

天文台 澳傳訊

世文明 人類悲

多行德 免災臨

地球表 陸海聯。

峰谷窪 深溝溪

丘陸地 平原處。

萬物衍 人類生：

內外寶 莫氫毀：

化武戰 孰點起：

世公爭 地獄懲：

設武敵 博物館：

慘烈酷 知警惕：

地球人 愛和平。

地球核 表套包：

動殼裂 板塊擠：

交錯滑 運生劫：

地球內 能量釋：

有震感 大小分：

無災傳 五級下：

六級上 人屋毀：

台灣處 斷層帶：

己卯年，九二一，
山走動，形貌變，
路崩裂，死傷慘，
無國界，人道援：
救災難，醫生組，
為和平，求奉獻，
諾貝爾，獎桂冠，
在地球，天人禍：
不疆域，胸懷憫，
當義工，赴災區，
勇扮演，先鋒隊，
世人類，何分族，
豈教別，共參與：
向大同，造理想，
儒釋道，融一家。

而耶回，勿論別，
無爾分，族婚通，
不爾我，人相協：
中華統，世富強，
民國興，光明燈，
照人類，心靈美，
因華夏，文化深，
種族優，民眾多：
資源豐，礦質勝，
愛博施，不凌弱，
行王道，德服人，
扶濟傾，憐孤貧，
孫中山，以艦名，
史義深，抗日戰，
遭擊沈，五九載。

在武漢，江撈起，
將修復，供觀光，
爲世人，心聲揚，
尊國父，中外崇，
遊海洋，博物館，
往列邦，巡迴展，
單一幣，歐盟先，
在東亞，莫人後。
破疆域，界通行，
無國限，任遷徙，
學文語，自兒童：
通世界，字說用，
地球村，人類話，
南北來，東西往，
不翻譯，自聽懂。

何戰爭，永和平。
網際路，金手指。
新科技，廣告獎。
非傳統，創意奇。
設計人，腦筋靈。
時代異，不齡老。
形格變，是超前。
昔德法，國世併。
今冰釋，能航效。
若中日，做仿樣，
則東亞，跟著進，
俄韓越，馬新菲，
泰緬印，聯合起，
澳紐尼，將效尤，
而中亞。

合西歐，共一家。
飛行船，龐大物，
載重量，逾萬頓，
越洲海，星際往：
將實現，非夢想，
莫認為，外星來：
世人類，研科技，
日千里，福民益：
不核武，德無量：
天不毀，地無物，
人瘋狂，自彈滅。
歐亞陸，板塊連，
東西地，文明早：
山北民，遊牧性：
有匈奴，漢時犯：

霍去病，曾痛擊：
向西亞，走歐東：
俄基輔，博物館：
藏史豐，族列跡：
昔華夏，為防侵：
築長城，萬里遙。
元版圖，括歐亞：
匈牙利，遺裔留：
國際性，立執法：
以監督，協會名：
各國參，互恰守。
規章定，值推廣：
該落實，深入境：
明真情，懲殘暴：
張人權，保民命：

不迫害，功德宏。
人生命，密碼解。
致病因，基因明。
控制類，智愚判。
爲制生，優種得。
日研發，太空裝。
穿未來，緊褲襪。
調益脊椎，保腳踝。
祛風濕，氣血通。
除病身，男女用：
超想像，延人類用：
善美得，福圓夢。
美葛倫，爲圓夢。
七七齡，復太空。
爲人類，上青天：

美俄人，太空學：
競力先，爭民移：
痛醒悟，還地面：
爭權鬥，吹寰宇：
民國人搞主政風，悲時哀。
丁肇中，諾貝爾。
得獎人，炎黃裔：
設太空研究站：
正探討宇宙中：
有物質，定然存：
反物質，若突破，
對人類，貢獻宏。
物理獎，將重頒。
民族學論人類。

謂美洲，原住民。
出華夏，南閩蠻。
洪荒時，徙東海。
至東北，經千島。
越白令，至美加。
印第安，炎黃裔。
地球人，六十億。
華列首，佔世界。
五分一，有族類。
千百種，膚色分。
黃白黑，紅少數。
宇宙闊，闊宇宙。
星空秘，秘難解。
大太空，化地球。
億萬載，光年成。

生人類，物育養。
當恩天，莫悖德。
宇宙昊，地球寶。
載萬物，共生存。
重環保，責人存。
人種類，待平等。
人國界，無疆域。
人婚嫁，不教族。
人信仰，自由往。
人愛心，何彼此。
地球村，天涯角。
若比鄰，近咫尺。
雞犬聞，一家人。
地球人，愛地球。
做地球，好公民。

跋語

人——立於宇宙地球之上，天地之間，由於時空運化及人——立於宇宙地球之上，天地之間，由於時空運化，人類之進化，累世積德因緣，恩得父母之靈孕，幸生人世，故感父母之情，比天高地厚、比海深然親，富、智愚、美醜、貴賤尤之選擇，非人兒女者所能左右之平等，應命，無可怨尤。既然，尤是人，皆應本乎天賦之異日究執，有成，則憑個人種因時代之造化也。

別人，不守倫常，有些微人類份子枉顧八德之述著特以日難生必讀新三字經，係因應科幻時代人類社會心著之觀，因而為提振人性仁義道德之醒悟失義，聞之，因而為提振人性仁義道德之醒悟失義，

者。落之，因而為提振人性仁義道德之醒悟失義，
行，四維之固有文化之蕩然，三綱淪落，子枉顧八
痛毀於國技聲光電玩閃動，輟翹青少古惑仔及少數成
由於科技聲光電玩閃動，輟翹青少古惑仔及少數成
年失德之人，趨向時尚，所謂哈異族，趕流行，結歪
夥，打殺鬥，愛憎情仇反覆詭變，失去方向，人性

泯滅，渾忘父母恩養撫育，師友勸導，及聖賢之言，妄求物質之不當獲得，在陰暗角落之處，為非作歹，拚命捨身——飆車、爭風、吸毒、械鬥、擄勒、竊殺、報復、盜搶、洩憤、強暴、網騙、校園槍殺——喪污人性，不擇手段，以滿足所慾，昧知尚有良心、天理、道德、仁義、法律之存在，難不慨嘆唏噓哉？

夫良心何？乃動心起念之時，心中揚盪一種善惡、正邪、邪、魔，之判也。若人能本乎善、正、道：盡去惡、邪、魔，其人將列聖賢仙佛之門，做個家中孝子，師尊高徒，社會中堅，國家棟樑，地球人類護衛者，器識宏觀，放眼天下，抱仁守義，行道立德，懷忠恕，秉慈悲，則必為世人崇仰之大德也。否則天理豈容，將遭橫禍之殃身，或遺害兒孫，縱倖逃刑法之制裁，良心自譴，惡報難免，殆可斷言。懸崖勒馬，立當悔悟，尤不失聖種因得果，天道分明，報應不爽——人在做，天在看呀！不

容僥倖。孔老夫子曾謂：「過而知改，善莫大焉！」特跋之於上言可乎？最後以—處世以道守本分，做人秉德天賜福：懷抱以仁慈悲念，行事仗義斯謂人—以爲立人處世之準則。再以利世之身，作出世之想：本以出世之心，爲益世之化：得失名利毀譽不計較，豈再執著於愛憎情仇之不醒悟？何有煩苦纏：如是庶幾則不憂於人生且遠離於迷惘—困惑矣！進而爲積極營造美麗之人生坦途大道，接受挑戰，迎向未來，樂觀奮鬥，以德創業，心懷慈善，濟世利眾，珍惜生命，學人長，補己短，待己嚴，對人寬，抱道立身，俯仰無愧，持守正氣，做個開朗人生，遨遊於塵寰！願與世人共勉之。本書因語義深淺不一，讀者則自行領悟誦之，選之擇之彙之可也—儒潤身心踐不人後呀！

東海　韓振方　撰於蓬萊仙島山人

中華民國捌拾捌年十一月十二國父誕辰日

435

一、窮通貴賤美做人

窮通貴賤美做人

塵世萬般惟守分

脈出炎黃倍感恩

萬劫歸來慶是人

二、人道通天道

天道　通　人道

相化有像尊天父　　先天聖祖本無相

天父彰顯像

人守道—道通天
天人合—合為神
神人修—修做人
人德美—美人仁
仁義人—人心正
正邪分—分善惡
惡盡去—去天堂
堂前慶—慶龍華

特註：天父聖像顯化—時在民國歲次丙子年二月三日於先天大道場門前由著者無意攝得，地球上只此一張，極為珍貴—三種不同之光亮，作何解讀？請教高人？

437

一、附先總統 蔣公降道「拯靈化世」訓文一則—以鑑天運

吾蔣中正—（註：國人尊先總統 蔣公）現任無極理天文判官之職，今奉 中

娘懿旨前來燕南趙北—玄極宮結緣，首先感謝全國各界，全球僑胞爲吾祝壽，今

特喚醒各教信徒—（註：是指非先天道宗教之信眾—因該宗教爲天人合一之人傳

天降之佛訓—福音—導正人心也）速訪收圓（註：先個人做人完美，後人類世界

大同也）明師真命來開三玄—（註：靈性本自天賦予，收圓回歸復原位—道統—火

宅歸宗該教，把人做好，即可返天。所指明師乃承天之命降臨世間—金線道統—

六十四代日月之玄智玄慧也—救靈主）共躲罡風大劫，才能達到 國父所著三民

主義—（註：國父孫中山先生依據中華文化與世界潮流趨勢所發明之倫理民主科

學，以達民有民治民享，自由平等博愛之旨也。）之世界大同，亦是天降先天道

—（註：孔孟應運世間，該宗教倡崇儒德，其創教主稱天真總掌尊無上執法—輔

佐哺育雙明師—幼時口吐聖賢之言，皆能令請諸天神佛臨壇結緣傳達天訓之做人

規範—啓發不昧良知良能也），大同蓮花邦，人人佛面佛心的界境也。最後吾告

知各位天降先天道乃吾簽辦也！故其十八明師降蓬萊（註：指台灣寶島）拯救眾

生無誤！詠堯以上請代爲轉知美齡，經國，緯國及孫兒們！（註：美齡—宋—蔣

公夫人—經國、緯國乃二子也）讓我們在無極理天（註：人榮生在地球之中華大

地上，身前歸宗天命應運之先天道宗教者—百年壽滿，絕可由西天門—天父在

戊寅(87)年十月卅一日 蔣公誕辰日開啓）進入無極理天—永享天年—非一般修行

得道者，僅止於氣天神祇，功果享完，仍須輪迴—因該宗教強調入世做人良善，

勿須出世—遁入空門—由人道進入天道之應運宗教也。同享天倫之樂。另促進

世界大同之重責大任，要以黃埔精神（註：親愛精誠·禮義廉恥倫常八德之人性

伸張）與天降先天道配合行之—可以！文儀！大謀！大家全力協助，今後吾會常

來本宮督導批示也。

中正以正楷書 歲次丙寅虎(75)年十月卅一日

特註：

一、原訓文：存天道亥子道—玄極總宮。（本文依新生活創刊號
　　—民八十四年雙十節刊出轉載—註文由撰者）。

二、永讀：劉永讀—留俄曾任先總統　蔣公秘書—文儀：鄧文儀
　　—大謀：張大謀—以上三位皆爲先總統　蔣公前後期之黃埔
　　學生也。（祝壽法會時在場持紙躬親）

三、天降先天道宗教—十六年來歸宗者何止萬千，近有日韓新以
　　及斯里蘭卡美澳等國，各教信徒訪明師爭相設立宮堂或認
　　同，無不宣揚。

四、孫蔣二公生前爲中華民族與文化復興及追求民主自由，以博
　　愛天下爲公爲懷，犧牲奉獻，世列偉人，中外公認。因中山
　　先生推倒帝制，肇建中華民國—尊崇爲　國父。蔣中正先生
　　繼承法統—尊爲黃埔之父—東征北伐，削平軍閥，戰勝侵略
　　者，收回失地，光復台澎，取消不平等條約，位於四強，創
　　立聯合國—實施憲政。民三八—一九四九年國府遷合，勵精
　　圖治，提振道德，倡導仁義，復興文化，富裕民生，生聚教

439

訓。殞天仍念念不忘天下黎民蒼生，故　國父誥封神格位爲

無極理天—偉慈眞君、護漢大帝—蔣公爲無極理天—仁德眞

君、一品文判官—默察天運，始有天降先天道—（獨立應運

入世新宗教—其因：混元聖祖，宇宙主宰，萬物靈主：天

父—玄玄上人—親臨地球，蓬萊仙島—坐鎮首都台北玄極總

官—諸天神佛，五教教主，收圓三佛：天眞聖祖，天然古

佛，彌勒古佛—（濟世）無不降壇，傳達天音。）—之籤

辦，挽靈化心，旨在還人原來本性，否則科技倡明，日新月

異，物慾橫流，行爲乖張—人爲役使—膨脹、麻木、瘋狂，

否定一切，人類將淪落何種境地—人生必讀新三字經—之著

因在此也。凡爲中國人之炎黃子孫如究悟天道運化之理者諸

飽學儒德之士，當可體明訓中所含之眞義，豈生疑評—特爲

恭錄之—天何妄語炫世，冀盼世人萬勿等閒視之—今生返天

—祈探明究竟乎？以斷其惑。切望人人爲得道歸宗佛子，地

球人類和平相處—大同理想—天人龍華盛會何期遠也。

中華民國 捌拾捌 年十月三十一日 蔣公誕辰日

二、中國文字通天神以書畫氣功運用證之

世謂中華文化之優美，美在生活藝術之文字以書法繪畫表達其精神，即是把書畫中之形、情、意揉合於氣功裏面，將氣功意、氣、神運化到書畫內。因為書畫與氣功本可怡情養性，強健人體，若將兩者結合發揮，彼此融合，而對身心禪益健美，無可置疑。以華夏之中醫及天人觀點來看，一切事物，總不外乎陰陽運勢而書畫與氣功當然亦不離開形意、剛柔、動靜、行止、動能之變化，疏通經絡。同時亦是提高書畫技藝之新方法——其運用理則：

一、基本站立法：身體平穩站立，兩足分開與肩同寬，雙手自然下垂，目微閉，均勻呼吸，舌舐上顎，有涎可吞下，一切任其自然運行於體內。

二、筆黑粧：自然站立，兩手緩緩舉起，抬至與肩同高，左掌呈爪狀，右手握虛拳如執大筆，吸氣時把氣緩慢沈入腹丹田；呼氣時，把氣運入雙手，再入掌穴心勞宮穴，順筆下注于筆尖，約練五分鐘，勤不輟習，熟能生巧。

三、磨墨：姿態如筆墨粧，雙手在胸前，先是順時針，后是逆時針，各轉十次

四、撥紙功：兩手掌從上而下，呈圓形如在桌上把紙撥平之勢，連續十次，吞津四次后再緊接著做人字行動。

五、人字行動功：左足向前一步，左手先行，右手相隨，作向左下——撇一筆狀後，雙手回至胸前，接著左足向前一步；右手如接筆狀先行，左手擁隨，向右斜下作書寫捺刀狀，做人字行動，不拘方向，時間長短，依本人身體狀況而定，但必須配合呼吸，動作向左則吸氣，向右則呼氣。書畫者，有一邊練功

441

，一邊書畫，兩者兼顧，時而久之，則書畫作品自會產生無限強烈之氣感，若懸掛貼於室內客廳壁之上（是中國人因正堂有祖宗神牌位），必然虎虎有風，栩栩如生滿室祥融燦輝氣象，實為難得之藝術神品，因含正氣於紙面，尚有避邪攝踪養性除戾之功──非蚯蚓字形相提論也。

懸掛些書畫之類詩言格語，教育子弟，以示風雅──炫耀賓客。室內，懸掛些書畫之類詩言格語，教育子弟，以示風雅──炫耀賓客。

六、收功：先吞津四次，然后再搓手，擦面各十次，或再練其它功後再收功，以補損耗之不足。（以上是愛好書畫者諸前賢體悟之語）

中華文人雅士蘊育於儒家思想之行事，無不合乎中庸之道。所謂儒家思想，是指仁義道德四維德倫常之做人處世，無論居家僑居客鄉，皆不忘身為中國人應守之禮義風範，縱然不識一字，不懂文化，然在生活上之表現儘可能在家中室內，懸掛些書畫之類詩言格語，教育子弟，以示風雅──炫耀賓客。

中華文化很特色，雖然久處鄉下耕田，未有機會受過教育及文化薰陶、洗禮之老農，但在做人上，懷於傳統儒家思想文化之薰習感染，勝於受過高深文化身著衣冠楚楚之知識分子，故道德高於文化。但文化影響人性生活，而文化又高於道德。但若俱有文化並恪守於道德、再愛好書畫或其他藝術，其人堪謂完美之中國人哉。所以生為中國之榮幸在此也。

中國人得天獨厚，賦予懂得老莊（或云黃老）哲學，除了守於儒家思想之入世之理念──做個聖人完人。還秉於出家思想──做個道人仙人。所以中國人老了（銀髮族）不寂寞、不空虛，天人合一──以畫畫自娛。可以在畫畫藝術領域上，去吸收歲月，活得痛快、高興、有趣，嘯傲遊於瀚墨山雲，這就是東方文化優於西方文化，主導世界潮流之趨勢者因在此也。

三、做人秉德以應天運化劫

一、人要讀好書—人會慈善

人有慈善心—人會道德

人有道德心—人會仁義

人有仁義心—人會恕諒

人有恕諒心—人會理事

人有理事心—人會做人

人把人做好—人會返天

二、天道先天道—道降蓬萊島

島民偕歸宗—宗教護中華

華夏文物美—美為化國人

人天龍華會—會上西天門

門在戊寅開—開因辦收圓

圓為白陽期—期盼人心善

善有世大同—同入西天門

四、天地有道載中華—華化人類

天道運化體系

混元

道化 ↕ 天體 ↕ 物類 ↕ 人

聖
宇宙 ＞ 濛濛
無 ＞ 浩空
地球 ＞ 接上天心

極＼乾坤＜道軌旋運
極＼銀河＜大九星行

陽＼極＼太＼陰
　皇　義　五
行＼　　智＼水
　　　　　　　五

金—西　東—木
　義　仁
信—中土
　南火
常　禮　華
夏——禮——華

人道做人之則

日月光照非邪人—人正做人

444

國家圖書館出版品預行編目

科幻時代人生必讀新三字經 / 韓振方著. -- 一版.
臺北市：秀威資訊科技, 2005[民 94]
面 ； 公分. -- 參考書目：面
ISBN 978-986-7614-87-2（平裝）
1. 修身

192.1　　　　　　　　　　　94000675

哲學宗教類　PA0005

科幻時代人生必讀新三字經

作　　者 / 韓振方
發 行 人 / 宋政坤
執行編輯 / 林世玲
圖文排版 / 張慧雯
封面設計 / 羅季芬
數位轉譯 / 徐真玉　沈裕閔
圖書銷售 / 林怡君
法律顧問 / 毛國樑　律師
出版印製 / 秀威資訊科技股份有限公司
　　　　　台北市內湖區瑞光路 583 巷 25 號 1 樓
　　　　　電話：02-2657-9211　　傳真：02-2657-9106
　　　　　E-mail：service@showwe.com.tw
經 銷 商 / 紅螞蟻圖書有限公司
　　　　　台北市內湖區舊宗路二段 121 巷 28、32 號 4 樓
　　　　　電話：02-2795-3656　　傳真：02-2795-4100
　　　　　http://www.e-redant.com

2005 年　1 月 BOD 一版
2007 年　1 月 BOD 二版
2008 年 10 月 BOD 三版
定價：500 元

讀者回函卡

感謝您購買本書，為提升服務品質，請填妥以下資料，將讀者回函卡直接寄回或傳真本公司，收到您的寶貴意見後，我們會收藏記錄及檢討，謝謝！
如您需要了解本公司最新出版書目、購書優惠或企劃活動，歡迎您上網查詢或下載相關資料：http:// www.showwe.com.tw

您購買的書名：_____

出生日期：_____年_____月_____日

學歷：□高中 (含) 以下　　□大專　　□研究所 (含) 以上

職業：□製造業　□金融業　□資訊業　□軍警　□傳播業　□自由業
　　　□服務業　□公務員　□教職　　□學生　□家管　　□其它_____

購書地點：□網路書店　□實體書店　□書展　□郵購　□贈閱　□其他

您從何得知本書的消息？

　　□網路書店　□實體書店　□網路搜尋　□電子報　□書訊　□雜誌

　　□傳播媒體　□親友推薦　□網站推薦　□部落格　□其他_____

您對本書的評價：（請填代號　1.非常滿意　2.滿意　3.尚可　4.再改進）

　　封面設計____　版面編排____　內容____　文／譯筆____　價格____

讀完書後您覺得：

　　□很有收穫　□有收穫　□收穫不多　□沒收穫

對我們的建議：_____

_____

_____

_____

11466
台北市內湖區瑞光路 76 巷 65 號 1 樓

秀威資訊科技股份有限公司　　　收

BOD 數位出版事業部

....

（請沿線對折寄回，謝謝！）

姓　　名：＿＿＿＿＿＿＿＿＿　年齡：＿＿＿＿　性別：□女　□男

郵遞區號：□□□□□

地　　址：＿＿＿＿＿＿＿＿＿＿＿＿＿＿＿＿＿＿＿＿＿

聯絡電話：(日) ＿＿＿＿＿＿＿＿＿＿　(夜) ＿＿＿＿＿＿＿＿＿＿＿

E - m a i l：＿＿＿＿＿＿＿＿＿＿＿＿＿＿＿＿＿＿＿＿